魏晋速写

轻松读懂小众史

张岩——著

贵州出版集团

贵州人民出版社

目录

·上篇·

事件手书——盛衰岂无凭

短　序　　　　　　　　　　　003

动荡的王座　　　　　　　　　005

危险的妖后　　　　　　　　　013

列王的纷争　　　　　　　　　025

血雨的洗礼　　　　　　　　　035

冰与火之歌　　　　　　　　　045

恶魔的盛宴　　　　　　　　　061

沸腾的炼狱　　　　　　　　　077

狂暴的战车　　　　　　　　　089

将至的寒冬　　　　　　　　　105

·下篇·

人物画像——兴亡谁人定

短　序　　　　　　　　　　　　　　　119

小眼薄皮的开国之君司马炎　　　　　123

面纱下的妖后贾南风　　　　　　　　141

曰"何不食肉糜"的弱智皇帝司马衷　157

屠场里的清谈家王衍　　　　　　　　167

被嫌弃的奸臣贾充　　　　　　　　　187

扶不上墙的烂泥司马亮　　　　　　　201

被送上祭坛的猛将司马玮　　　　　　213

一代巨商石崇　　　　　　　　　　　225

夹缝中的重臣张华　　　　　　　　　241

北地残灯刘琨　　　　　　　　　　　261

中流孤艇祖逖　　　　　　　　　　　283

附录1：八王之乱大事年表　　　　　299

附录2：参考文献　　　　　　　　　301

后　记　　　　　　　　　　　　　　305

上 篇

...

事件手书——

盛衰岂无凭

短　序

西晋时期，古老的中国发生了一次前后历时十六年的大动乱，之后，西晋王朝被摧毁，中国进入时长近三百年的大分裂时代。南方先后进入东晋、南朝，北方先后进入十六国、北朝，直到隋文帝开皇九年（589）灭陈，统一南北，大分裂时代才宣告结束。

这次历时十六年的大动乱，就是八王之乱。事实上，参与此次动乱的诸侯王有十几个，只是主要人物有八个，所以被称为八王之乱。

这八个诸侯王分别为：司马乂、司马越、司马颖、司马玮、司马亮、司马伦、司马颙、司马冏。一般认为，八王之乱分为两个阶段：第一个阶段是元康元年（291）三月到六月，第二个阶段是从元康九年（299）到光熙元年（306）。

为了便于下文的展开，我们不妨来记个口诀：一跃淫威，两轮用尽。

一跃淫威，说的是司马氏欺负孤儿寡母，篡夺曹魏政权，一跃成为山河之主，得国巧妙而迅速；两轮用尽，指的是八王之乱先后经历了两个阶段，经过这两轮冲击，司马氏的"一跃淫威"也被摧毁殆尽。

一（乂）跃（越）淫（颖）威（玮），两（亮）轮（伦）用（颙）尽（囧），一个字对应一个王。（"尽"对应"囧"，勉强谐音。）

这次动乱为什么会发生？具体过程是什么？为什么分成两个阶段？又为什么会引发长达近三个世纪的南北大分裂呢？

动荡的王座

历史的发展轨迹，是波浪式前进，螺旋式上升。有前进，有倒退；有上升，有下跌；有波峰，有波谷。

1

秦代以前，流行分封制，而魄力雄浑的秦始皇大笔一挥，把分封制扫进了历史的垃圾堆，在全国范围内推行起了郡县制。这个路子是对的，只是"老秦"的步子迈得太大、太快了。

刘亭长吸取经验教训，建立汉王朝之后，同时推行郡县制与分封制，把废除分封制的任务留给了后人。

汉王朝崩溃之后，中国进入三国时期，曹操、刘备、孙权为后世的文学、影视、电子游戏留下了广阔无垠的创作空间。接着，就是司马氏欺负孤儿寡母，一统天下。

分封制，还是郡县制？西晋开国皇帝司马炎选择了前者。从表面上看，他这是开历史倒车，而事实上，他这样做是有原因的。

司马氏的桃子，是从曹家的桃树上摘的。为什么司马氏能成功篡权呢？在司马炎看来，主要是因为曹魏宗室的力量太弱。

事实的确如此，为了防止诸侯王起兵叛乱，危及中枢，曹魏朝廷对诸侯王的权力限制非常严格。无论是军权、财权，还是人事任免权，诸侯王的权力少得可怜。

我们看三国逸事，看到曹植被曹丕捉弄得颜面扫地，曹丕逗他就跟逗弄宠物一样，曹植却只能发几句牢骚，这就是因为曹植虽然名义上是藩王，实际上却并没有多少实权，只能低头。

曹魏朝廷的做法有利于削弱藩王，加强集权，但问题却也是存在的——如果王室有难，同宗同族的藩王难以勤王，没办法给予有力支持，王室只能干着急。

有鉴于此，司马炎在位期间大规模分封诸侯王，把宗族里的好几十个兄弟子侄都封了王。说句不好听的，即使将来发生内乱，夺过来抢过去，皇位还是司马家的。不过这并不是司马炎想看到的结果，同宗同族也有远近亲疏，皇位能一直由直系子孙接替才是司马炎最想看到的结果。

2

西晋王朝的诸侯王权力比较大，掌握着比较独立的军权、财权、人事任免权，可他们的权力并没有大到捅破天的地步。

分封诸侯王有利于拱卫皇室，可是也容易出现藩王叛乱的问题。我们能想到这个问题，司马炎当然也能想到。为了杜绝这个问题，使皇位能一直在直系子孙手中接替，司马炎想了一些防止诸侯王尾大不掉的办法，那就是给予诸侯王比较大的权力，但是又不能过大。

比如财权，诸侯王只能收取封国经济收入的三分之一，其余的上缴国库。

比如人事任免权，诸侯国内的核心职位由朝廷安排人选，朝廷安排的这些人既负责协助诸侯王治理封国，同时也负有监视职责。

比如军权，封国的兵力由中央调拨，大国兵力五千，中等封国兵力三千，小国兵力一千五，而且诸侯王不能随意出兵或者征兵。

我们看这段历史，往往能看到一个奇怪的现象：有的诸侯王明明有自己的封国，可是就是待在京城不走，非得在皇帝跟前转悠，把封国的大小事务交给信得过的人打点。有些大臣对皇帝说，快打发他们回封国吧，天天在京城晃悠挺让人心烦的。这些诸侯王一听这话就很生气。

为什么他们非得待在京城呢，回自己的封国当个土皇帝，不比在皇帝面前低三下四好吗？他们不回去，主要原因有两个：第一，那时候的联系不方便，留在京城更有利于随时接收朝廷的最新动态，也更有利于升迁，直接进入朝廷中枢可比在山高皇帝远的地方当诸侯王有面子；第二，在封国享受不了天大的权力，却得承受天大的压力，如果政敌在朝中打小报告，皇帝龙颜大怒，自己的仕途就危险了。与其如此，还不如在京城待着，既能接近皇帝，又能遥控封国事务，一举两得。所以，西晋初年的诸侯王们都愿意留在京城，政敌有时候甚至把派遣他们回封国作为打击他们的手段，而一旦接到被派遣回封国的命令，他们也总是哭哭啼啼。

因此，分封诸侯，以及给予诸侯王比较大的权力，是导致西晋王朝垮台的一个原因。此外，皇位继承人选择不当也是原因之一。

3

晋武帝司马炎晚年确定皇位继承人时，备选人有两个：一个是自己的弟弟司马攸，一个是皇太子司马衷。

司马攸和司马炎都是司马昭的儿子，司马攸的声望一直在司马炎之上，以至于司马昭当年一度有立司马攸为太子的念头。

虽然事情已经过去了很多年，但是当年的阴影一直盘桓在晋武帝心头。确立皇位继承人人选时，大臣们几乎一致推举司马攸，位高权重的卫瓘就是其中之一。卫瓘何许人也？他自曹魏时起就是重臣，当年害死钟会^①

---

① 三国时期魏国著名军事家，灭蜀后企图倚重姜维割据巴蜀，但计谋被卫瓘识破，兵败身亡。

和邓艾①的那个大佬就是他。

司马攸是齐王，只是这么多年里一直住在京城洛阳，没有到藩国上任。

为了断绝他继位的念想，晋武帝多次下诏迫使他离开京城，回到自己的藩国。司马攸苦苦哀求，并为此忧愤成疾。即使如此，晋武帝依然不松口。司马攸说自己有病，不能启程，晋武帝就派御医去看病。御医不傻，都明白晋武帝打的是什么算盘，回来以后都说司马攸很健康，没有什么毛病。司马攸无奈，只好启程回藩国，没过多久就吐血死了。

大臣们原先的想法是：司马攸能继位当然是最好的结果；如果不能，让他当辅政大臣也不错。可惜他们的愿望落空了，司马攸一死，皇位继承人就只能是司马衷，辅政大臣的人选也得另行安排。

司马衷的智力有缺陷，这在西晋王朝是公开的秘密，朝野上下都知道，只是大家说得比较委婉——不说他傻，而是说他"淳古"——卫瓘甚至表示过应该把这个弱智太子废掉。

---

① 三国曹魏及西晋初年重臣，曾配合钟会灭蜀，蜀亡后被钟会污蔑收押，最终被卫瓘派人杀害。

晋武帝为什么不从大局着想，把帝位传给才智出众的司马攸，而要传给一个大傻子呢？

其一，如上所言，他想把帝位传给直系子孙。

其二，司马衷的儿子司马遹聪明伶俐，晋武帝很疼爱这个宝贝孙子，说他跟司马懿很像，一心想把皇位传给他。也就是说，确立司马衷为皇位继承人只是绕一个弯子，司马炎的终极目标，是让先当上皇帝的大傻子带动小聪明，最终实现权力私有化的顺利传承。

如此一来，辅政大臣的人选问题就尤为重要，只有选好辅政大臣，才能确保司马衷执政期间不出问题，进而将皇位平稳地传给皇孙。相反，如果人选不当，是要出问题的。

事实上，八王之乱的口子，也就是从这里撕开的。

4

晋武帝选择的辅政大臣有两个：一个是他的岳父杨骏 [①]，一个是他的叔叔司马亮 [②]。

杨骏是个老糊涂，司马亮是个窝囊废，这两个人都很平庸。病重的晋武帝是脑子不好使了才任命他们为辅政大臣的吗？当然不是，他这样安排是有原因的。

[①] 武悼皇后杨芷的父亲。
[②] 司马懿的第四子。

杨骏是外戚当中的老资格，背后是外戚势力；司马亮是藩王当中的老资格，背后是藩王势力。晋武帝选用他们，是为了在外戚和藩王之间达成平衡。

　　那么，晋武帝为什么不在他们各自所属的阵营当中选两个强人出马，而要选择两个庸人呢？这也容易理解，强人有能力，但是也喜欢惹是生非；庸人能力差，但是听话，不喜欢招惹是非。

　　就这样，八王之乱的大幕拉开了。

危险的妖后

德不足以服人，才不足以胜众，都不是什么问题；无德无才却有强烈的欲望，那就是不戴绝缘手套抓电线，很危险，而这恰恰是杨骏犯下的错误。

1

晋武帝弥留之际，委托司马亮处理后事，杨骏却悄无声息地篡改遗诏，大权独揽。

作为晋武帝的叔叔和西晋王朝的重臣，司马亮于情于理都应该出席晋武帝的葬礼；可是他担心夜长梦多，久居京城将遭到杨骏的报复，于是他连宫门都没敢进，只是在宫外为尸骨未寒的晋武帝痛哭了一场，随即仓皇逃离洛阳，并且上了一份奏折，请朝廷原谅自己因故不能出席葬礼。

司马亮的仓皇逃离，很快成为京城的谈资，大家都在隐秘而热烈地解读着这起出逃事件当中隐藏的不祥密码。

司马亮的出逃并没有影响到葬礼的举行，也没有影响到自以为走上人生巅峰的杨骏的好心情。在他的主持下，朝廷重臣齐聚太极殿，来见晋武帝最后一面。参与葬礼的所有人都很清楚，一旦新皇登基，政坛就会大洗牌，自己的仕途也会受到影响。

此时的晋武帝躺在棺椁里，散发着一股难闻的气味，最后一次接见了各怀鬼胎却又貌似哀痛的大臣们，对于祸端已经露出苗头的王朝，他已无能为力。

葬礼上的杨骏表现得趾高气扬，俨然以王朝的掌舵人自居，跟在他身后的，是几十个全副武装的武卫。

这是为了炫耀阵势，还是为了防备不测？当棺椁被钉上，即将运往陵墓，大臣们鱼贯出宫的时候，大家都暗中交换着疑惑的眼神。在一双双盯着杨骏的眼睛当中，有一个女人的眼神分外怨毒。

2

贾南风，新帝司马衷的皇后。这个女人和杨骏的相同点是都热衷于权力，不同点是她更有心机，杨骏根本不是她的对手。

面对大肆弄权的杨骏，贾南风暂时潜居在宫殿一隅，静静地等待着时机。

弄权也好，夺权也罢，手里得有兵。杨骏脑子不算灵光，但对这一点的认识还是很清楚的。于是，他把手伸向了禁军，在禁军当中大肆安插亲信。

禁军，就是京城卫戍部队。控制禁军，就等于控制京城；控制京城，就等于控制皇宫；控制皇宫，就等于控制了贾南风和弱智皇帝司马衷，同时还可以震慑地方上蠢蠢欲动的藩王。

禁军的设置比较复杂，大体而言可以分为两部分：殿中军防护宫城，外营兵防护外城。

杨骏对外营兵的拉拢很下力气，对殿中军却比较忽视，很瞧不上殿中军的将领。或许，他以为宫城处于京城中央，只要控制好外营兵，殿中军就不会出什么乱子。

然而，问题恰恰就出在了殿中军。

殿中军有两个将领孟观和李肇，一向受够了杨骏的轻视和冷落。在他们表现出怨愤之情时，贾南风知道，她的机会来了。

她派遣跟随她多年的太监董猛与二人接洽，双方密谋商定诛杀杨骏。

对于贾南风来说，有了禁军的协助诚然筹码大增，但她并没有轻举妄动。为了增加胜算，她暗中派人去联络司马亮，请他联合藩王共同出兵。司马亮却拒绝了贾南风的提议，说杨骏倒行逆施，众叛亲离，是自取灭亡，只需要静观其变即可。

姿态是运筹帷幄的，语气是胸有成竹的。别看司马亮一副老谋深算的样子，其实他完全是装的，因为他根本不敢和杨骏硬拼。

当初，杨骏篡改遗诏，就有手下建议司马亮趁着杨骏势力不稳，赶快发动政变，他却因为胆怯而拒绝了。

其后，杨骏以司马亮没有参加晋武帝的葬礼为由，扬言要出兵攻打他。其实这只是虚张声势，他毕竟是藩王当中的元老，杨骏再猖狂也得有所顾忌，可他又被吓得哆哆嗦嗦。

这一次也是一样，他就是害怕，只是说得比较委婉罢了。晋武帝临终时任命他为辅政大臣，原因之一就是看中了他的平庸，他也以实际行动证明了晋武帝看人的眼光之准。

3

贾南风在司马亮那里碰了钉子，转头又向晋武帝的第五个儿子求援，即二十一岁的楚王司马玮。

司马玮是个毛头小伙子，年轻气盛，性格冲动急躁。接到贾南风的求援之请，他一口应允，然后向朝廷上奏，请求入朝。

杨骏本来就对他颇为忌惮，唯恐这个刺儿头在地方上作乱，如今一看他居然主动要求入京，赶快答应，意图借机将他监管起来。只是他还没有来得及动手，贾南风就先下手为强了。

司马玮抵达洛阳不久后的一天晚上，政变发生。

贾南风假借司马衷之手下了一道诏书，宣称杨骏谋反。之后，司马玮封锁宫门，派殿中军包围杨骏的府邸，并派遣弓弩手登上附近的制高点，向杨府发动齐射，以防杨府的兵丁突围。

政变发生的时候，被杨骏拉拢的外营兵在干什么呢？答案或许是，他们在睡觉，根本不知道宫城里出了这么大的事；或者，他们知道里头出事了，但宫城大门被司马玮封锁，他们进不去。

杨骏的府邸在宫城内部，这里在三国时期是曹魏权臣曹爽的府邸。几十年以前，司马懿发动政变，夺取曹魏政权的时候，就是从这里开始的。好像真有因果轮回，如今，西晋王朝的祸乱再一次在这里开启。

杨骏之所以住在宫城，是为了便于控制贾南风和司马衷。得罪了殿中军将领，却还敢住在宫城，他的胆子也是大得可以。

更搞笑的是，大祸临头的时候，手下建议他冲出宫城，赶快调集外营兵入宫平乱，他却认为外营兵入宫必须得皇帝下诏。司马衷被贾南风捏在手里，他哪里能得到弱智皇帝的诏书呢？

政变来得快，去得也突然。杨骏几乎毫无反抗之力，当晚就被乱军杀死在马厩里，三族被灭。一夜之间，权势烟消云散。

杨骏死了，权力易主，司马玮控制禁军，权倾朝野。

4

心急吃不了热豆腐，贾南风接受了这个结果。在她的计划当中，司马玮只是过河的桥，所以她容许司马玮暂时站在权力顶峰呼风唤雨。接下来她要做的，就是拆桥。

为此，她利用司马衷下达诏书，征调司马亮入朝，与卫瓘一起出任辅政大臣。

司马亮曾经拒绝过贾南风的求援之请，他们之间算是已经结下了梁子。而卫瓘跟贾南风的关系怎么样呢？仇人！晋武帝当年给司马衷选妃，卫瓘一心想把自己的女儿嫁给司马衷，贾南风早就怀恨在心。后来，晋武帝确定皇位继承人，卫瓘又想把司马衷废掉，贾南风更是愤恨难平。

既然如此，贾南风又为什么要重用司马亮和卫瓘呢？

司马亮和卫瓘看不惯司马玮把持权柄，可是禁军掌握在司马玮手中，实力决定一切，一旦打起来，他们根本不是司马玮的对手。

贾南风很清楚这一点，她把这三个人放到一起，是想公报私仇，故意挑动他们互相残杀，利用司马玮除掉另外两个老家伙。

正如贾南风所希望的那样，司马亮和卫瓘出任辅政大臣之后，迅速结成统一战线，把矛头对准了司马玮，想从他手里夺取禁军控制权，并且物色了贾南风的一个姻亲，准备接手京城卫戍部队（或许是想向贾南风示好，或许是得到了贾南风的授意）。

司马玮大怒，司马亮和卫瓘见 A 计划行不通，转而执行 B 计划——密谋调动司马玮离开京城，回到自己的藩国。无疑，司马玮更怒，矛盾趋于白热化。

这时候，贾南风露面了，她给司马玮发了一道诏书，宣称卫瓘和司马亮谋反，命令他采取行动。司马玮迅速出动禁军，包围卫瓘和司马亮的府邸。

卫瓘被杀，满门皆被灭。

司马亮虽然被捕，但他毕竟是宗室元老、皇族成员，禁军并不敢把他怎么样。司马玮后来下令，谁能杀了司马亮，赏布千匹。于是乱军一哄而上，司马亮惨死，尸首遭到践踏——他是八王之乱中第一个被送上祭坛的诸侯王。

5

就在年轻气盛的司马玮带军围攻卫瓘、司马亮的时候，贾南风另外派遣了一支小分队去拦阻。当然，时间必然是经过算计的，必须在卫瓘和司马亮或死或伤后才能到达现场。

贾南风为什么要这么做呢？这是一个即将把司马玮推下火坑的预兆。因为她这一举动意在向大家表明，围攻卫瓘和司马亮并不是朝廷的旨意，而是司马玮矫诏，擅自行动。

事情闹到这份儿上，头脑简单的司马玮也看出有点不对了，他怀疑自己被涮了。手下向他建议，既然已经出动禁军，不如一不做二不休，冲进皇宫诛杀贾南风及其党羽。但是他犹豫不决，毕竟这么做风险太大，很容易被扣上欺君犯上的帽子，这个责任他是担不起的。

处死卫瓘和司马亮当晚，司马玮一夜无眠。忽然陷身权力漩涡中心的他，就像大浪中的一叶孤舟，惶惑、恐惧、进退失据，不知道该如何是好。

次日凌晨，宫中又传出一封诏书，宣称：他矫诏杀死卫瓘和司马亮，罪大恶极，让他必须即刻束手就擒；至于被卷入其中的禁军，朝廷不会追究他们的责任，但是他们应该马上返回营地。

顷刻之间，禁军四散，只有一个十四岁的小奴仆没有离开，紧随司马玮左右。

其后，司马玮被拘捕，送往刑场处决。跪在屠刀下，司马玮从怀中掏出了一封诏书，在监斩官眼前展开。昨天，就是这封诏书命令他处死卫瓘和司马亮的。

看着墨迹未干的诏书，司马玮泣不成声。他说，我的所作所为都是为了国家，为什么最终竟然是如此收场？我的身体是先帝给的，却蒙受不白之冤，将来还能洗雪冤屈吗？监斩官知道他是被人算计了，心生怜悯，泪流满面；可是他所能做的也只是徒呼奈何，表达自己的同情。

司马玮被处斩，他的同党被灭三族。

司马玮——八王之乱中第二个被送上祭坛的诸侯王。

司马玮没脑筋，冲动，可是在八王之中，他的名声还是不错的；所以他冤死之后，民间很多人纷纷自发给他建立祠堂。年轻人血气方刚，想做点儿事，这是好的；可是他不知权力游戏的血腥与险恶，贸然闯入其中，到头来只能被人当枪使、被算计，最后被一封诏书要了命。他从权力顶峰摔到人生崖底，前后不过一天。

6

至此，八王之乱的第一个阶段落下帷幕。贾南风利用几份诏书，先诱使司马玮除掉杨骏，继而借司马玮之手除掉司马亮和卫瓘，转而又除掉司马玮，扫清了攀往权力巅峰的障碍，成为暂时的胜利者。

八王之乱为什么要分为两个阶段呢？

主要原因在于：在第一个阶段，禁军是各路势力争夺的中心，动乱只是发生在京城，并没有波及地方，而且只是西晋当权者之间的权力纷争；而在第二个阶段，动乱的规模则扩展到了全国，被卷入其中的藩王越来越多，北方少数民族政权也随之进入风暴中心，成为不可忽视的力量，并由此开启了长达近三个世纪的大分裂时代。

这次大动乱，是怎么酝酿成一场席卷全国的大风暴的呢？

列王的纷争

贾南风执掌政权的时间长达十年。历史记载里，史官对她个人形象的描述是负面的：嗜好权力、贪婪、凶狠、残忍、狡诈。同时，史官却也承认在她执政的那段时间里，西晋王朝海内晏然，朝野宁静。这倒是不难理解，因为她冷酷的一面只是针对政敌，并没有扩大化；她的政治手段也很高明，善于协调藩王与外戚、门阀与庶族之间的关系。

整个西晋王朝，除了她，有这种能耐的，似乎也就只有开国皇帝司马炎了。

1

贾南风组建的权力核心当中，有两个成员需要注意。

一个是张华。据说他是西汉开国元勋张良的第十六世孙，父亲张平在曹魏时做过渔阳郡守；然而在他年少时家道已经中落，他既孤且贫，还曾以牧羊为生。此人智谋过人，博学多才，有过目不忘的本领，是贾南风的高级智囊。贾南风对别人颐指气使，对他却礼敬有加，言听计从。他能得到重用，既是因为才华出众，也是因为他是庶族的领军人物，是贾南风用来平衡庶族与门阀势力的一颗棋子。

另外一个是王衍。东晋政权建立初期，江东地区流传着一句话——"王与马，共天下"，说的就是在琅邪王家的支持下，司马睿在江东立足的故事。

王家何来如此巨大的能量，居然能够使一个政权仰其鼻息？为什么左右司马家命脉的偏偏是王家，而不是其他家族呢？这是一个非常复杂的问题，三言两语很难说清楚，我们暂时只需要知道这一切与王衍有莫大的关系即可。

王衍是琅邪王家的头面人物，司马玮被处死之后，接管禁军军权的就是他。也就是说，琅邪王家的触手，就是在贾南风执政期间逐渐伸入权力中心的；只是贾南风绝不会想到，十几年之后，这一股势力居然会成为司马氏政权的救命稻草。

2

在贾南风执政的第六年年底，镇守关中的赵王司马伦来到了京城。

当时，关中是北方内迁游牧民族的主要聚居区。司马伦镇守关中期间赏罚不明，致使氐人和匈奴人起兵暴乱，此次把他调入京城，剥夺了他镇守藩镇的权力，就是朝廷对他的惩罚。

司马伦是司马懿的第九个儿子，入京这一年已经六十多岁。

此公早在少年时代就因贪婪和谄媚的行径而臭名远

扬，活了大半辈子，他依然故我。刚进入京城官场，他就四处打点，上下活动，甚至不惜向贾南风的党羽卑躬屈膝，像一条柔软的蛆虫，坚定而执着地向着权力中心蠕蠕挺进。

经过一番节操全无的钻营，他终于得到了贾南风的回应；不过贾南风认为他这样的人不适合位居显要，只是把他安插到禁军当中，充当一个中层武官。

回报远远低于投入，司马伦愤恨难当，仇恨的种子就此埋下；只是在表面上，他依然对贾家保持着卑微与臣服的态度。

时间一晃，司马伦已经在京城度过了三年多。与此同时，深宫里的一场大风暴也在悄无声息地酝酿着——皇太子长大了，即将到达参政的年龄。

这个皇太子，就是晋武帝在世期间极为钟爱的皇孙司马遹。他并非贾南风的亲生儿子，一旦他进入政坛，贾南风的权力蛋糕就得被切下一大部分；所以贾南风对他颇为忌惮，寻到机会后便使计构陷，将他废为了庶人。太子被废不是太子一个人的事，而是一片人失势；所以，太子被废以后，太子的党羽极为愤怒，密谋发动政变，铲除贾南风及其党羽。

发动政变需要军队，兵力从哪里来呢？几经物色，太子党盯上了老贼司马伦。司马伦贪婪，没有立场，手中却掌握着一部分禁军。太子党以利相诱，彼此一拍即合。

一开始，司马伦的意图是铲除贾南风，扶持太子复位，进而挟天子以令诸侯。但一个叫孙秀的谋士进谏说，太子是聪明人，绝不是当傀儡的料，如果你扶持他复位，只会被反噬；最好的办法就是撺掇贾南风除掉太子，使她成为众矢之的，然后你再除掉贾南风。

司马伦依言而行，毫不犹豫地出卖了太子党，放出太子党即将发动政变、铲除贾家的风声。

如孙秀所料，贾南风害怕了，她旋即出手，派人把太子打死在了厕所里。晋武帝曾经寄予厚望的未来之星，就这样死于非命。

然而，比厕所更臭的是贾南风的名声。政治手段向来高明的她一着不慎，落入司马伦设计的陷坑，成为众矢之的。

3

鱼儿已经上钩，渔翁开始收线。

永康元年（300），四月三日，三更。

虽然已是初夏，但是洛阳的夜晚依然寒意逼人。

随着第一通更鼓的余音鬼鬼祟祟地消失在黑得化不

开的夜里，司马伦府邸的大门缓缓打开了，几个黑影悄悄溜出来，像被巫师的符咒召唤出来的恶灵。

不久，禁军的几个高层武官分别接到了这些人送来的消息——主上召见，即刻入宫。当他们风风火火地赶到宫城城门下的时候，忽然察觉到气氛不对——禁军当中的中下层武官，几乎全都聚集在他们面前，领头的是老头子司马伦。在摇曳而微弱的烛火下，司马伦就像一具沉睡多年刚被唤醒的干尸，干瘪的脸上交织着兴奋、狂喜与残忍的神情。

"贾南风谋害太子，罪不可赦。今上下令，命我等入宫废黜皇后。尔等奉命则可封侯；不然，诛灭三族。"

这些高层武官面面相觑，他们不是傻瓜，知道司马伦是在矫诏；然而箭在弦上，一切已经由不得他们。在如狼似虎的中下层武官面前，他们只有两个选择：答应，或者死。为了保命，他们只能选择前者。

随后，司马伦再次矫诏，命令宫城守卫打开城门，率领外营兵一拥而入。他一方面命令高层武官调动殿中军，封锁宫城所有的出入通道，然后让早已安排好的内应把弱智皇帝司马衷带走；另一方面命令司马冏带领百余人闯入后宫，将贾南风收捕。

直到司马冏率军出现在眼前，贾南风才知道大祸临头。大惊之下，她厉声喝问："你们来这里做什么？"

司马冏回应："奉诏收捕你！"

贾南风再问："诏书出自我手，你所奉何诏？"

司马冏不再回应，不耐烦地挥挥手，命令部下将贾南风押走。

4

太极殿是西晋王朝的皇帝处理政务的地方。当贾南风被废为庶人并幽禁的时候，她的党羽纷纷被铠甲锃亮的禁军带到了殿前。曾经，还只是贾南风的一条狗的司马伦与这些人称兄道弟、推杯换盏，甚至被这些人视为无耻鼠辈。可是一切变了，司马伦在这个漆黑的夜里变成了西晋王朝的执剑人，往日的老熟人纷纷变成了脚下的蚂蚁。对于故人，他直接在大殿前展开了一场粗暴的审讯和血腥的斩杀，就地审问，就地斩首。

张华，这个曾经被贾南风倚为臂膀的重臣，因为当年拒绝过司马伦的求官之请，当夜在太极殿前被杀，并被灭三族。

而权力核心中的另一人——王衍，却有惊无险地躲过了一劫。因为司马伦的谋主孙秀也是琅邪人，孙秀当年落魄的时候，曾经得到过王家的帮助。孙秀虽恶毒狡诈，却也有知恩图报之心；所以在血洗皇宫的这一夜，放过了王家。

第二天，司马伦登上皇城南门的城楼，召集所有禁军，举办了一次阅兵大典，发布了三个重大通告：第一，历数贾南风的罪状；第二，追究到底，绝不放过贾党党羽；第三，宣布最新人事任命，禁军当中的重要官职均由他的子嗣充任，剿灭贾党有功的官员全部封侯。

很快，贾南风被毒死在金墉城（魏晋时期关押贵族的政治监狱）。她没能见到不久后，随着司马伦登基称帝，同样要被幽禁在这里的她的丈夫——弱智皇帝司马衷。

善泳者溺于水，这个依靠对权力的嗜好而崛起的女人，最后依然因为对权力的嗜好，把自己送到了万劫不复之地。

5

在八王之乱的整个过程中，司马伦发动政变并篡位，是一个至关重要的转折点。

先说政变。我们得看到，与此前的杨骏篡权、司马玮政变不同的是，"四三之夜"事件的过程更为复杂、布局更为周密，卷入其中的禁军武官以下级武官居多，而且此次事件的性质属于明显的犯上作乱，已经脱离了政变的范畴。

准确地说，"四三之夜"事件更属于一次典型的兵变。

然后是篡位。司马伦之前，无论闹事者是谁，皇帝的权威是存在的。大家都知道司马衷是个傻子，只是彼此心照不宣，没有撕破脸皮，都在为自身追求最大利益的前提下，小心翼翼地维护着脆弱的权力主体格局；但是随着司马伦的篡位，一向遮掩着的问题被摆到了明面上，固有的权力主体格局轰然崩塌，野心勃勃的列王都向权力顶峰发动了猛烈、野蛮又充满精心谋算的冲击，彼此之间的纷争越来越趋向于扩大化和白热化。

那么，由司马伦打破的权力格局将走向何处呢？

血雨的洗礼

"四三兵变"当晚，闯入后宫收捕贾南风的是司马囧。之前说过，晋武帝司马炎当年确立王位继承人的时候，人选有两个，其中之一就是他的弟弟司马攸，为了给弱智儿子铺平通往王位之路，司马炎不惜假借太医之手逼死弟弟。

司马囧，就是司马攸的儿子。

1

司马伦夺权，依靠的是禁军，他对禁军的威力与可怕有切身体会。因此，控制大权之后，他在禁军的重要位置上安插的都是自己的儿子和亲信。对于在"四三兵变"当晚表现出色的司马囧，他给予了一些荣誉性的虚名，却用明升暗降的策略把司马囧从禁军中剥离出来，命令他离开京城，出镇许昌。

如果朝廷足够强势，能够威慑藩王，这样做未尝不是防止司马囧作乱的方法。而司马伦的失误在于，他是在朝廷权威正在崩溃的情况下打发司马囧离都的。

虎兕没有入柙，而是被放归了山林。

离开京城，走在赶往许昌的路上，司马囧心潮澎湃，如拍岸的惊涛般起伏不停。十几年前，父亲司马攸被迫离开京城，死在了回藩国的路上；而十几年后的今天，自己又走了父亲的老路。

如果父亲在十几年前成为皇位继承人，那自己……

司马伦是晋武帝的叔叔，自己是晋武帝的侄子，既然司马伦可以觊觎皇位，那自己呢？

2

过去，西晋朝廷对藩王的兵权，以及藩王在本藩国内部的人事任免权是有限制的。但随着贾南风的垮台，朝廷的权威冰消瓦解，再没有能压场的铁腕强人，对藩王设置的种种限制也开始大面积崩塌。后来，司马冏拥兵数十万杀气腾腾地入京，京师震怖。如果不是朝廷权威崩坏，他充其量也就有几千个兵，哪里能拥兵数十万呢？

不过，人多势众，并不意味着各个藩王和手下是一条心，因为列王手下大大小小的官员对朝廷态度不一，有的坚决支持朝廷，有的愿意追随藩王作乱，有的摇摆不定。

在八王之乱的第一阶段，朝廷仍然有威慑力，混乱只是发生在皇城内部，并没有波及地方。等到朝廷权威崩坏后，失去制约的藩王肆无忌惮，直接导致了大混乱溢出京城，冲击到地方。同时，由于列王手下的官员对朝廷态度不一，也不可避免地在八王之外出现了一些割据性军阀，致使局势越发混乱，后来在华北地区翻江倒海的王浚就是军阀之一。

言归正传，接着说司马囧。

一到许昌，司马囧就开始秘密部署率军入京的计划，他的部下对此事的态度很复杂。司马囧一开始并没有把事情搞得太过火，欢迎支持者，也默许反对者的存在。

司马伦知道司马囧蠢蠢欲动，但当时他的注意力放在篡位上，对许昌方面的异动关注有限。篡位成功之后，他派了一个间谍打入许昌，可这个间谍被司马囧策反了，反而掉过头来蒙蔽司马伦。

为了进一步麻痹司马伦，司马囧甚至不惜斩杀心腹，把人头送到京城，表示自己没有反心。与此同时，他还秘密联络成都王司马颖、河间王司马颙，希望缔结讨贼联盟。

3

永宁元年（301），准备就绪的司马囧肃清内部的敌对势力，广发檄文，号召讨伐司马伦，与司马颖、司马颙、司马乂一起聚兵数十万开赴京城。

自西晋开国以来，规模这么大的战争是第一次，而这时候距离三国时代的终结才二十多年。

一夜之间，京城戒严，禁军陆续开赴出城。对生活压力巨大的市井小民而言，这是一个很有刺激性和挖掘价值的话题，大家都看到了全副武装的军队出城，可战况究竟如何，谁也不知道。

除了对外封锁消息，作为天师道的信徒，司马伦还举办了一些盛大的祈福仪式，宣称天神和列祖列宗已经降谕，国家必将长治久安。

虽然消息是封锁的，朝廷采取了掩人耳目的舆论控制措施，平民接触到的真相是有限的，可是这并不妨碍谣言的流传，大众的想象力足以补充真相不能填充的空白。南来北往的行商几乎每天都会带来一些被描述得绘声绘色的消息，诸如某地打了一场恶仗，死了多少人……然而大多数人只是把这当成谣言，因为朝廷依然在发布禁军势如破竹的捷报。相比较而言，朝廷发布的消息显然比行商的话更有可信度。

同年四月，朝廷再次发布了一个鼓舞人心的好消息：叛军首领司马冏已经兵败被擒。

战争即将结束当然是好事，一时间，京城处处欢腾。但与此同时，弥漫在皇城里的，却是躁动不安的气氛。

真相其实是反过来的，胜券在握的是司马冏，惨败的是禁军。司马伦不仅发布假消息愚弄民众，也竭力封锁消息，糊弄朝廷高官。市井小民好愚弄，高官可不好蒙蔽，尤其是留守京城的禁军武官。

为了庆祝这次"大捷"，司马伦在皇宫里举办了一次盛大的"庆功"宴会。

在宴会上，有些不明真相的官员谈笑风生，禁军武官却脸色阴沉，有些武官甚至拒绝出席晚宴。司马冏此次拥兵入京所为何来，他们心知肚明。当初司马伦发动兵变，无论他们是主动参与还是被迫卷入，都是脱不了干系的，一旦司马冏攻破京城，他们的结局是不言而喻的。怎么躲过这一劫呢？出席宴会和没有出席宴会的武官都在思考着。

4

西晋年间，高官的帽子上流行以貂尾为饰。司马伦上台之后，为了笼络人心，滥发官爵，貂尾不够用，只能用狗尾凑数，老百姓戏称"貂不足，狗尾续"（这就是成语"狗尾续貂"的来源）。

坐在高高的大殿上，看着大殿里的一条条貂尾和狗尾，如坐针毡的司马伦萌生了强烈的悔意——如果不是当初急不可待地篡位，何至于今日成为众矢之的，连安享天年都成了一种奢望。他知道禁军有离心迹象，但是在这急需用人的危急关头，搞内部清洗并非明智的选择。因为，貌合神离意味着还有合作的可能——尽管可能性微乎其微——而内部清洗则会激化矛盾，火上浇油。如今，他只能希望禁军出于对司马囧的畏惧而站在自己这一边，陪他死战到底。

随着藩王军队的步步紧逼，孙秀召集司马伦的心腹多次召开会议，商议对策。有人认为应该抵抗到底，有人认为应该搞内部清洗，有人认为应该乘船出海，远遁他乡异域。

面临诸多选项，司马伦犹豫不决。这时候，留守京城的禁军却抢先作出了自己的选择。大难临头之际，他们决定发动兵变，把司马伦交出去，作为替罪羊。

四月的一夜，禁军当中的七百多个外营兵攻破皇城南门，在殿中军高层武官的策应下，一起杀向内殿。

司马伦与孙秀事先察觉到了禁军的异动，在前儿天就住到了宫里，以防不测。兵变当夜，当喊杀声传进来的时候，他们急忙封锁大门，调动部属进行抵抗。禁军无法攻破大门，于是翻墙而入，放火烧屋，与司马伦的部属展开激战。

火光熊熊，王座摇曳的影子扭曲狰狞，刀光剑影明灭不定。当夜，司马伦的一众党羽或当场死于殿内，或沦为阶下囚。

在禁军的挟持下，司马伦被迫下诏，宣布自己登基称帝是受了孙秀的撺掇，如今孙秀已死，司马衷将复位，自己将退位归农。之后，他又打出驺虞幡，号令部属放弃抵抗。

做完这一切，司马伦面如死灰。归农，还有可能吗？结局已经了然。

5

在这个动荡不安的夜里，市井小民望着皇城方向的冲天火光，纷纷揣测着：皇城里发生了什么？为什么会突然发生大火？为什么依稀能听到打打杀杀的声音？这一切和刚刚平定的那场叛乱有没有关系？……

很快，答案揭晓了。

张贴在城门上的榜文宣告了司马伦的退位以及司马衷的复出。必然地，皇位易手的具体过程和细节用不着让市井小民知道。

其后，被幽禁在金墉城数月的弱智皇帝司马衷复出，乘坐御辇去往皇宫。而就如风水轮流转一般，金墉城又迎来了新的住客——司马伦。

虽然民众不知道这一切变故的细微之处，但是大家都很清楚，所有的争端都是围绕着皇位展开的。如今，既然正统皇帝复出，那么一切就尘埃落定了，战争可以因此结束，洛阳城可以躲过战火的洗劫，安定的生活也不会受到影响。至于政变、兵变，那不过是茶余饭后的谈资。所以，当司马衷的御辇行过街道的时候，满街都是山呼海啸般的"万岁"声。

对于烽火连天的三国时代，许多老辈人仍然保留着鲜活而血腥的记忆。作为市井小民，大家其实并不在乎坐在皇位上的是谁，大家期待的只是和平。与其说满街的呼声是为复出的司马衷而发，不如说是为了和平。

然而，庆祝和平的呼声还没有散尽，一起不祥的事件又发生了。

司马衷复出没几天，禁军大开城门，司马冏率领几十万军队浩浩荡荡地进入了洛阳。军队如巨大的蟒蛇般缓缓游过街道，锃亮铠甲闪烁如蛇的鳞片，蔽空旌旗招摇如蛇的芯子。

皇帝不是已经复出了吗？这些人还来京城做什么？看着一眼望不到头的军队，站在街边的小民们揣测着。

与司马衷复出不同，司马冏入京的时候没有欢呼声。笼罩着洛阳城的，是一层惶恐不安的气氛。

司马冏察觉到了气氛的冷落，但是与近在咫尺的皇宫相比，这无关紧要。

为了进入京城，他在战场上奋战了两个多月，折损了好几万人。如果再加上折损的敌军数目，那么被这一轮权力游戏的转盘绞死的士兵有将近十万人。不过于他而言，这只是一串数字，并没有什么可惜的，这只是参与权力游戏的必然代价。

或许，在他看来，站在街边不敢喘气的这些草民，与战场上那些已经不会喘气的死尸并没有什么区别，就像任人宰割的牛羊。

如今他最想做的，就是进入皇宫，享受成为王朝执剑人的快感。唯有权力，不容他人染指的权力，才能带给他这种快感。

6

几天之后，司马伦在金墉城被迫服毒自尽，权力格局再一次洗牌：凡是被他起用的人，一律被斥退；凡是曾助他为逆的人，除不久前发动兵变、迎立司马衷的几个禁军武官，其他人一律被处死。

司马伦——八王之乱中第三个被送上祭坛的诸侯王。

临死之际，司马伦意识到了自己的罪孽，饮下毒酒之后以巾蒙面，静待死亡。只是不知道他这样做是觉得无颜见祖宗，还是因为预料到自己死后，王朝将会发生更大的祸乱，怕自己的鬼魂看到那样的人间惨剧。

冰与火之歌

司马伦干瘪泛青的中毒之躯尚有余温，新一轮的权力划分又开始了。

1

当初，司马冏号召列王入京，河间王司马颙一开始并没有积极响应，而是站在他的敌对面，并抓捕了他的使者，之所以后来选择"弃暗投明"，只是因为看到司马伦败局已定。

当志得意满的司马冏进入京城的时候，司马颙的军队还在赶往京城的路上，眼见纷争已经告一段落，他只能率军掉头返回封国。虽然他最终选择了司马冏，但司马冏恼恨他当初阻碍大事，入京之后只是授予了他一些荣誉性的头衔。

在讨伐司马伦的过程中，与首鼠两端的河间王司马颙相比，成都王司马颖可以说是司马冏的坚定盟友。此公英俊倜傥，器宇轩昂，"形美而神昏"，可惜是个外强中干的绣花枕头。他没有什么才能，却对权力也很热衷，是个很容易作死的人。不过，他有几个才智出众的智囊。

入京之后，司马冏胡作非为，欺君犯上的气焰日甚一日。在智囊的劝说下，司马颖先是开仓放粮，赈济战区灾民，为阵亡将士建立墓园，给自己积累了良好的声望，然后打算率军回驻邺城，静观其变。

司马颙没有入京，司马颖打算离京，入京列王当中，留在京城的只有长沙王司马乂。

司马乂是司马玮的同母弟，入京这一年二十六岁。司马颖是司马乂的异母弟，比司马乂小两岁。

拥兵上洛阳的列王当中，司马乂的实力最弱，在讨伐司马伦的过程中，他所率领的军队也并非主力，只是做一些辅助性的军事任务。

离京回封国之前，司马颖到皇陵扫墓，祭拜列祖。司马乂与他一同前往。陵园里松柏森森，他们漫步在陵道上，想着司马懿、司马师、司马昭、司马炎在世时的光景，目睹着一尊尊风吹雨蚀的雕像和苔痕遍布的陵墓，两个二十多岁的年轻人思绪万千。

或许，是因为司马颖留京期间的一些善政给司马乂留下了良好的印象，虽然司马乂年长，但他对司马颖抱有很大的期望。在他看来，司马冏既没有辅政之才，更没有辅政之德，二十四岁的司马颖才是最好的辅政人选。

长谈结尾，站在司马炎的陵墓前，司马乂殷切地说："这江山是先帝所创，你要好好守护。"

如今守护西晋王朝的是司马冏，肯定司马颖，就是否定司马冏。听到司马乂这样说，随从们忍不住面面相觑，相顾骇然。

2

八王当中，司马乂是个异类（司马玮也算），其他藩王根本不把司马衷放在眼里，基本都是在拆解皇座，而他自始至终都在努力重铸皇座，力图恢复皇权的尊严和威信。

司马冏对司马乂颇为警惕，摄政之初就采取了一些措施使他远离禁军，防止他在京城弄出枝节，并命令他返回自己的封国。如果司马乂想消灭权势熏天的司马冏，可以回封国组建军队，兴兵勤王；也可以拥兵自重，以武力遥慑京城，使司马冏不敢轻举妄动。可是他并没有这样做，结合种种迹象来看，在新一轮风暴袭来之前，他一直留在危机四伏的京城[①]。

为什么会这样呢？联系他后来的种种作为，我们似乎可以得出一个结论：他留在京城，应该是为了保护司马衷。他担心司马衷会遭到司马冏的暗算。

司马冏有没有加害司马衷的意思，这是难以确定的；但可以肯定的是，他的确有谋逆之心。他执掌政权的这

---

① 司马冏于301年秋季独揽大权，兵败于次年冬季。在此期间，司马乂与司马颖来往频繁，而且没有司马乂返回封国的记录，因此说司马乂一直留在京城。

段时间里，党同伐异，将皇帝视为泥雕木偶，朝中大小事务必须由他以及他的心腹亲自过问。有一个官员因为没有咨询他的意见，自作主张，直接把公文呈交给了皇帝司马衷，结果被他下令处死。

有一个叫"莼鲈之思"的成语，说的是西晋年间有一个叫张翰的官员，因为在秋风乍起的季节思念家乡的莼菜和鲈鱼，忽而辞官回乡，并慨然长叹：人生在世，但求逍遥自在，为何要为了些许名利而背井离乡，千里迢迢到洛阳为官呢？

如果不了解时代背景，这个故事看起来潇洒快意、超凡脱尘；然而，当我们得知，张翰当时就是在司马冏手下任职，那么就能明白他辞官并非思念莼菜鲈鱼这么简单了。他是因为意识到乱政的司马冏是自取灭亡，怕自己在将来受到牵连。脉脉温情的故事背后，其实是一幕幕阴暗血腥的权力斗争。

要命，还是要荣华富贵？张翰选择了前者，有的人却选择了后者，比如李含。

3

太安元年（302）冬天的一个晚上，一匹累得几乎虚脱的马奔入长安，停在河间王司马颙的府邸前。风尘仆仆的李含跳下马背，对府邸前的卫士声称：自己来自洛阳，有紧急事务需要面见司马颙。卫士不敢怠慢，急忙入内通报。不久，府门打开了一条缝儿，李含闪身而入，在卫士的带领下，见到了等候在公署里的司马颙。

对于这个一脸风尘的冬夜来客，司马颙并不陌生，因为在几个月之前，李含就在他的手下任职，只是平定司马伦之乱过后被司马冏征调到了京城。

李含有一个叫皇甫商的同乡，两人都出身于士族，只是李含的出身低一点，皇甫商的出身好很多。早年间，皇甫商想让李含为自己效力，结果被心高气傲的李含拒绝。颜面受损的皇甫商一气之下，联合地方官对李含进行打击报复，派他去看城门。彼此的怨仇就此结下，这么多年里双方一直耿耿于怀。

皇甫商曾经也是司马颙的手下，只是入京的时间比李含早。当初送皇甫商入京，司马颙还特意设饯行酒宴，调解他与李含的矛盾。可是这于事无补，李含入京之后依然与皇甫商势如水火，而且，他与司马冏的几个心腹相处得也很不愉快。他此次孤身来到长安，目的就是撺掇司马颙提兵上洛，讨伐司马冏，顺带消灭皇甫商以及司马冏手下那几个让他很不愉快的人。双方落座，稍微寒暄几句后，李含说明了来意：司马冏在洛阳乱政，皇帝司马衷下达密诏，命令河间王司马颙入京勤王。

密诏？经历过这么多纷争，密诏早就失去了原有的神秘和权威，不过是一纸真假难辨的空文，是真是假取决于力量的大小，有没有密诏并不是十分重要，重要的是，一旦对司马囧宣战，怎么才能战胜他。进而言之，能否获胜取决于列王的态度，其中，最为重要的就是长沙王司马乂和成都王司马颖。

作为晋武帝司马炎的堂兄弟，司马颙只是皇族的旁系血亲，司马乂和司马颖是司马炎的儿子，属于直系血亲。直系血亲尚且按兵不动，旁系血亲却抢先出手，这在血缘关系上是说不过去的。

听完李含所言，司马颙默然以对，不置可否。进入权力中心，成为西晋王朝的执剑人，这种诱惑太大，足以使人癫狂。他何尝不想登上权力巅峰，只是他一时之间不知道该如何处理与列王的关系。不过对此，李含早就想好了对策。

4

李含的计划分为三步。

第一步，借刀杀人。联合司马颖，以勤王的名义准备入京，同时派人秘密潜入京城，散播司马乂即将发动兵变的消息。

第二步，请君入瓮。司马囧向来对司马乂颇为防范，一旦兵变的消息在京城传开，他必然会杀死司马乂，如此一来，就可以给他安上迫害皇族血亲的罪名，勤王计划就顺理成章了。

第三步，过河拆桥。司马颖虽有声望，但他其实只是绣花枕头，联合他消灭司马冏之后，把他架空，扶持他为有名无实的摄政王，实权则由司马颙把持。

司马颙深以为然，迅速开始部署。一方面邀请司马颖共商勤王大计，并派遣军队向京城挺进；另一方面派人潜入京城，散播司马乂即将发动兵变的消息。

接到勤王之请，司马颖的智囊们极力劝阻，劝他不要涉入乱局。无奈权力的诱惑太大，曾经被司马乂视为国家栋梁的司马颖非得要蹚这浑水。

列王再次拥兵入京的消息传到京城，战栗不安的司马冏召开了一次紧急会议。围绕着是战是和的问题，会场展开了激烈的争论。

司马冏原本头脑机敏，并不是能轻易被人左右的人，可在沉湎酒色的这几个月里，他的头脑像是被至高无上的权力腐蚀了。面临巨大的变故，会议现场的他全无往日飞扬跋扈的神采，很长时间内处于沉默状态。

经过对时局和彼此实力的分析，主降派认为，目前最好的对策，就是让司马冏自解权柄，退位让贤。主战派则言辞激烈地说，自汉魏以来，自解权柄的权臣，哪一个能得善终呢！这话说完，会场内一片沉默。司马冏明白，别人或许还有退路，可是自己，只有挺身而斗，才有一线生机。

攘外必先安内，显然，与司马颙和司马颖展开决战之前，必须先解决司马乂。

5

十二月，再过十几天就是新年，当京城的百姓开始为欢度佳节而忙碌起来时，在一个滴水成冰的夜里，祸乱又开始了。

当夜，司马冏派军进攻司马乂的府邸。司马乂这时候只有一百多个士兵，双方力量对比悬殊；但是凭借精湛的战斗技能和出色的指挥能力，他成功地击溃了进犯者。

京城是司马冏的势力范围，司马乂的力量比较微弱，硬拼似乎是行不通的。如果为了逃命，他应该赶快趁夜逃脱，离开京城，返回自己的封国，再作长远打算。

可是击溃进犯者之后，胆大包天的司马乂却没有逃离，反而驱车火速奔往皇宫，宣称司马冏谋反，自己奉诏平乱，命令禁军封锁宫门，然后率领一队人马前去攻击司马冏的府邸。

驻守皇宫的军队都是禁军，司马囧在主政初期就把司马乂排除在禁军之外，那么政变当晚，禁军为什么会听司马乂的号令呢？许多年以来，矫诏之类的闹剧，禁军已经见得太多了，难道仅凭司马乂几句话，他们就会以为他所奉的是货真价实的诏书吗？

司马乂没有直接指挥禁军的权力，但这并不妨碍他与一些禁军武官建立良好的私人交情；英武果决的军人式作风，也为他在禁军当中赢得了一批追随者。为了控制禁军，司马囧在禁军当中大肆安插亲信，而这必然会损害许多武官的利益。所以，司马乂在政变当夜闯入皇宫固然有铤而走险的成分，但是并非纯粹的暴虎冯河之举，而是在一定基础上的放手一搏。

政变当夜，司马囧与司马乂展开了激烈的决战，皇城内火光四起，乱箭攒射如雨，死尸遍地。处于王朝最中央的皇宫本应该是最安全的地方，这一夜却变成了最为恐怖的屠场，到处都是来往奔突的人群和惨呼哀号声，就连皇帝司马衷都差一点死在乱军之中。

激战三天，战斗结束，在浓烈刺鼻的烟雾中，战败的司马囧被带到了太极殿前。司马衷心生恻隐，想给他留一条活路；但司马乂没有听从，命令士兵把他带出去斩首，并传首三军，同时下令屠灭他的党羽，罪大恶极者屠灭三族。

司马冏——八王之乱中第四个被送上祭坛的诸侯王。

6

战斗结束没几天，京城派来的使者赶到了司马颙的驻地。

遥望京城，司马颙备感失落，他怎么也没有想到，计划中本应该成为牺牲品的司马乂居然如此神勇，一夜之间就让他的篡权计划全盘落空。司马冏既然已经被枭首，他暂时也就失去了入京的借口，无奈之下只好率军回封国。随后，由司马颖率领的另外一路军队也踏上了归程。

随着司马冏的战败，满目疮痍的皇城落到了年轻的司马乂手里。

每当走在巍峨残破的皇宫里，他总是会感受到一种沉甸甸的压力，这种压力既来自皇室成员的身份，更来自肩头所负的沉重使命。他不想成为谋权篡位的逆贼，也不愿成为挟天子以令诸侯的权臣，只想尽力辅佐皇帝，恢复皇室的荣光与权威。

然而，皇帝并没有处理军国大事的才智，司马乂本人也并不认为自己有王佐之才，在他看来，自己的十六弟——成都王司马颖才是辅政的最佳人选。

司马乂占据京城的时间有一年多，在这段时间里，与王朝有关的事务，无论大小，他都送达司马颖的驻地邺城请求裁夺。只是司马颖觊觎的是皇位，辅政并不能填平他的欲壑。

另一边，经过短暂的沉寂期，司马颙再一次向权力顶峰发动进攻。

这一次他没有大张旗鼓地出动军队，而是派李含以藩王代理人的身份驻京，企图暗杀司马乂。

皇甫商本为齐王司马冏效力，司马冏败亡后，他改投司马乂。他本来就与李含不和，李含再度回京后，两人依然水火不容。

察觉到李含图谋不轨，企图对朝廷不利后，皇甫商把这个消息透露给了司马乂，并敦促司马乂扼杀祸患。当然，他这样做未必都是出于公义，但在那个摇摇欲坠的时代，又有几个人能把公义与私怨分得清清楚楚呢？

于是，司马乂先发制人，诛灭了李含及其党羽。其后，司马颙以皇甫商乱政为借口，率军七万向京城挺进，并再次邀请司马颖一同入京。

可怜的司马乂把司马颖当成皇室栋梁，贪婪的司马颖却在司马乂最需要援助的时候给了他凶狠歹毒的一击。

此次拥兵上京，司马颙出动了七万人，而一心置司马乂于死地的司马颖却出动了足足二十万人。

7

太安二年（303）秋天，两路叛军包围京城。城外的庄稼到了收割的季节，城里的老百姓却只能眼睁睁地看着庄稼被叛军劫掠。

叛军的刀剑寒光森森，司马乂依然不愿进一步激化矛盾，派人给司马颖送了一封信。信中回顾列祖开国的艰辛，表彰他诛灭司马伦的功勋，谴责司马冏的罪过，动之以兄弟情，劝他顾念王朝大局和哀哀生民，不要给动荡不安的国家再添祸乱。

书信言辞恳切，但权欲熏心的司马颖却并没有动心。他在回信中摆出忧国忧民的姿态，指责司马乂祸乱朝政，并以强大的武力为后盾发出威胁，说负隅顽抗乃自取灭亡，束手就擒方可安然保身。

从八月直到当年年底，叛军与守军展开了惨烈的厮杀，被叛军重重包围的洛阳就像大浪中的一块礁石，承受了无数次的猛烈冲击。许多人爬上城头，许多人从城头掉落，无论是敌是友，都一起摔得粉身碎骨。叛军兵力雄厚，然而作战不利，屡战屡败；守军力量薄弱，然而上下齐心，作战勇猛。如果说彼此有相同的地方，那就是双方的伤亡都很惨重。

次年正月，司马颙的军队见京城难以攻破，打算撤兵回封国。如果他们走了，司马颖的军队就成了孤军。坚城之下，面对死伤无数却久战无功的境况，在南下的西伯利亚寒流里，司马颖一筹莫展。然而，就在此时，转机出现了。

东海王司马越畏惧叛军势力强大，唯恐城破之后自己遭到牵连，于是秘密发动政变，抓捕了司马乂，把他囚禁在金墉城。

司马乂只需要再坚持一下，局势或许就会逆转，却偏偏在此时沦为了阶下囚。心有不甘的司马乂给朝廷上书，悲哀而无奈地说："皇室血脉自相攻伐，死伤殆尽，陛下处境日益堪忧，如果我的死能够让王朝安宁，那我毫无怨言；但是恐怕我死之后，局势将不可收拾。"

奏折令人心情沉痛，可是智力有缺陷的司马衷毫无处理朝政的能力，这又有什么用呢？

司马乂被捕的消息传出，禁军高层武官义愤填膺，打算在正月二十五日把他从金墉城抢出来，与叛军周旋到底。

司马越唯恐夜长梦多，在两天之后派人与司马颙的部将张方取得联络，把消息透露给了他。

8

正月二十八日，司马乂落入张方之手。当天，张方在刑场上架起一堆柴火，将司马乂活活烧死。

冰天雪地里，火中的司马乂惨呼痛号，功败垂成的禁军泣下沾襟，就连叛军也为他落泪。血腥残忍的权力游戏里，又添一曲悲惋的哀歌。

司马乂烧焦的尸体被送往城东埋葬。因为叛军的残忍与高压，司马乂的部下当中只有刘佑一人冒死给他送葬。扶着灵车，走在残破的长街上，刘佑痛哭流涕，几乎气绝。

司马乂——八王之乱中第五个被送上祭坛的诸侯王。

这个可怜的年轻人有志向，有魄力，用尽全力想要力挽狂澜，然而时运不济，皇室的崩溃已成定局，在泥沙俱下的洪潮里，他只能被裹挟而下，最后在熊熊燃烧的火堆上变成一具黑色的焦尸。在权力的刺激下，虚伪与背叛、欲望与阴谋结成了一张腥红色的大网，落入大网中的一切都会被无情而巧妙地绞死，没有活口，从无例外。

刑场上的火堆渐渐熄灭了，四散的飞灰里，三张邪恶的脸阴笑着，所笑为何，心照不宣。

恶魔的盛宴

贪生怕死的背叛者司马越打开了城门，胜之不武的司马颖率领叛军毫无愧色地来到了洛阳城内。这座耗费了前人千百年心血的通衢大邑，只经历了不到半年的战乱，就沦落成了一座兽游鬼哭的不祥之城。

1

正月二十九日，也就是司马乂死于火刑的第二天，洛阳全城戒严，司马颖出动五万兵力封锁十二城门（东、西、南、北各三门），捕杀追随过司马乂的禁军武官。飞雪连天，大地冰封，满目疮痍的洛阳城内又添幽魂。

夹杂着血腥气的冰冷空气进入胸腔，司马颖非但没有任何不适的感觉，反而有一种毛骨通彻的快意。这种感觉，唯有登上权力巅峰的人才有切身体会。

他是晋武帝的儿子，而司马颙和司马越是晋武帝的堂兄弟，从血缘关系上来说，谁将成为最有竞争力的皇位继承者是不言而喻的。就实力而言，他背后的二十多万士兵也不是另外两个人所能比的。

与志得意满的司马颖不同，此刻的司马颙正处于焦头烂额的状态。

当初，他派遣部将张方与司马颖从西、东两侧夹击京城，司马乂为了缓解西线的压力，采取釜底抽薪的战术，命令雍州长官率军直击他的大本营长安。雍州临近关中，雍州兵一来，司马颙立刻感到压力倍增。京城的战斗刚结束，他就急令张方回师驰援。

临行之前，张方在京城大肆抢劫，掳掠了一万多个婢女。作为对西线友军的回报，司马颖默许甚至纵容了张方的暴行。

为了解决军粮不足的问题，张方在返回大本营的路上把这些可怜的婢女杀了吃肉，充当军粮。等张方回到关中剿灭了雍州兵的时候，这些婢女已经被屠戮殆尽。

2

雍州的战争结束后，各怀鬼胎的三王坐到了谈判桌前。

经过多次紧锣密鼓的三边会谈，三王最终达成战略合作共识：成都王司马颖毫无意外地成为西晋王朝的新任执剑人；而司马颖入京勤工的盟友——河间王司马颙的领地得到了进一步扩充，由关中扩展到了雍州。

前面说过，皇帝司马衷的儿子在几年以前，就被贾南风派人打死在了厕所里，此时的皇太子是司马衷的侄子司马覃①。为了笼络事实上的主政者司马颖，在司马颙

---

① 司马覃是司马衷的异母弟司马遐的儿子。据《晋书》记载，司马衷原本有一个叫司马尚的皇太孙，但是很早就去世了。之后，经齐王司马冏提议，司马覃被立为皇太子。

的提议下，皇太子司马覃被废，司马颖被立为皇太弟，成为皇位继承人。

司马颖得到了想要的一切，对残破的京城已经失去了兴趣。做好相应的驻京部署后，他就率军返回了大本营邺城，在那里遥控朝政。

表面上，一切似乎已经风平浪静。其实，只是水更浑了，更大的风浪正在酝酿之中。

细心的朋友想必已经注意到了：在三王的战略合作当中，我们并没有说到东海王司马越。在新的权力格局当中，他扮演了什么样的角色呢？

与另外两位诸侯王相比，司马越的势力比较弱，并没有雄兵作为后盾，在这次权力变革中也只是得到了一些聊胜于无的头衔，仍然留在京城。或许在另外两位诸侯王看来，他只是个无兵无将的小丑，并不值得给予过多的注意，给一点儿残羹冷炙就足以羁縻。

他们想不到的是，在不久的将来，这个不起眼的小角色将成为一条最为凶猛的大鳄。

目送司马颖的军队缓缓消失在地平线尽头，恭恭敬敬的司马越慢慢抬起头，在寒意料峭的初春里森然一笑，目光中散发着怨毒和阴险，像一条度过漫长的冬天后，正在渐渐苏醒的毒蛇。

司马越这个人别的能力并不是很突出，但他搞政变的能力在八王里首屈一指。早在贾南风与杨骏争权期间，他就参与过诛灭杨骏的政变。这十几年里，西晋王朝祸乱迭起，久居京城的他或者冷眼旁观，或者亲自上阵，虽然扮演的大多是配角，但他积累了丰富的政变经验，可以说是一部行走的政变百科全书。虽然他没兵没权，京城又到处是司马颖安插的棋子，可他有一个司马颖和司马颙都不能比的优势，那就是离皇帝近，可以优先利用这张王牌。

3

回到大本营邺城后，自以为可以高枕无忧的司马颖撕下了伪善的面具，亲小人而远贤良，出入王宫所用的仪仗和阵势与皇帝相差无几，俨然以王朝的第一人自居，不臣之心暴露无遗。

同年七月，电闪雷鸣频发的季节，太阳直射点已离开北回归线向南移动。如同太阳直射点周而复始的移动规律一样，王朝的新动乱又开始了，此刻距离司马颖执掌政权还不到半年。

当月，司马越联合禁军高层武官陈眕以及长沙王司马乂的旧部，通告全国，号召列王和州郡讨伐僭越犯上的司马颖。沿途响应的人很多，军队抵达安阳的时候，人马已经有十几万之众。

司马乂控制京城的时候，对十六弟司马颖何等器重，而权欲熏心的司马颖却害死了自己的兄弟，如今他终于为当初的贪婪和凶狠付出了代价。

离京之前，司马颖对禁军进行了大换血，并在京城大肆安插了心腹。但司马越用时不到半年，就瓦解了司马颖在京城的势力，并恢复了司马覃的皇太子身份。直到檄文流遍全国，司马颖才知道京城发生巨变。[①]

司马越是如何悄无声息地做到这一切的呢？史书没有记载，然而一叶知秋，由此可知他搞政变的手段有多么高明。

4

震耳欲聋的炸雷滚过邺城上空，看到檄文的司马颖面色惨白，他被巨大的恐惧紧紧裹挟着，像一只被蟒蛇堵在笼子里的金丝雀。

据京城方面传来的消息，司马越带着御驾亲征的皇帝已经在赶来邺城的路上。无论如何，司马衷都是西晋王朝名义上的正统执剑人，一旦与之拔刀相向，也就意

---

①《晋书》卷四记载，司马颖入京后"遣从事中郎盛夔等以兵五万屯十二城门，殿中宿所忌者，颖皆杀之，以三部兵代宿卫"。由此可见，司马颖在洛阳所作的部署非常严密。

味着把欺君犯上的罪名坐实了。他司马颖的胆子再大，也不敢贸然踩这个雷区。

能战则战，不能战则守，不能守则降，不能降则逃，不能逃则死。司马颖不敢战，不敢守，不愿意降，更不愿意死，他起初的意图是逃跑，结果遭到了智囊们的一致否决。

鸽派认为，司马颖有过错在先，此次皇帝御驾亲征，应该主动请降，以求圣恩赦免；鹰派认为，逃跑或者投降绝非解决问题的良策，最好的办法就是全力迎击，舍此无他。

俗话说，"酒壮怂人胆"。权力如烈酒，在权力的刺激和诱惑下，司马颖几经衡量，决定出动所有的兵力，把一切赌注都扔到赌桌上，并派人奔赴关中，向司马颙求援。

权力游戏的转盘，再一次转动起来。

为了提高胜算，司马颖密令间谍打入敌军，散布邺城人心浮动、不敢与王师正面对抗的假消息。而司马越虽然是搞政变的佼佼者，但他并没有多少战争经验，加之被假消息冲昏了头脑，误以为皇帝在手即可所向披靡，致使戒备松懈。

司马颖的政治经验不如对手，但他经历过真正的战争，相比较而言，他的战争经验是胜过对手的。

河南汤阴，古称荡阴，司马颖和司马越的刀剑，就是在这里呼啸出鞘，展开了血色对决。

5

在司马越的一生中，荡阴激战这一天可能是他最难忘的日子。

因为疏于戒备，战斗刚刚打响，他的军队就落到了被动挨打的不利境地。在敌军猛烈的冲击下，他的军队像一堆被泼了滚烫热油的活虾，挣扎、抽搐、痉挛、扭曲，一个接一个地被热油炸得血红。将领歇斯底里的发令声变成了毫无意义的哀号，所谓军人的天职、忠诚、荣誉感统统变得一文不值，在混乱的战场上，人与兽并无分别，唯有最原始的求生欲望还在嘶吼。

年老体衰的司马越本来就不耐长途行军之苦，冲入胸腔的浓烈血腥气和天崩地裂的挫败感，更增加了他生理和心理上的双重不适。这时候他已经不敢奢望胜利，只希望能够冲出战场，求得一线生机，就连皇帝司马衷的性命也无暇顾及。

司马颖的军队在战前似乎并没有接到对司马衷网开一面的命令，因为这个被司马越裹挟到战斗一线的皇帝当天差点就死在了乱军之中。龙颜遭到重创，血流满面，龙体上也中了三箭。幸好他的随从当中有忠心护主的人，他才免于一死。

嵇绍，这个名字可能大家并不太熟悉。不过说起他爹——"竹林七贤"之一的嵇康，大多数人就耳熟能详了。当乱军像潮水一样从四面八方喷涌而来的时候，司马衷的随从大多尖叫着四散逃命，嵇绍却坦然无畏地整理好衣冠，以肉身为盾牌，护在司马衷身前，最终被锋利的乱刃刺死。

经过一天的恶战，司马越的军队溃散，一部分兵力追随他逃往他的封国东海国（大致位于山东南部和江苏北部），另外一部分兵力追随陈眕逃回了京城，司马衷则被劫持到了司马颖的军营。当侍从要给司马衷清洗御衣时，他放声大哭，抓着血迹斑斑的衣服伤心地说："这上面有嵇绍的血，不要洗！"

因为一句"何不食肉糜"，晋惠帝司马衷在长达数千年的历史里，一直是一个标志性的笑柄。可是他口出此言只是因为智力不足，而不是因为残忍冷血。阴险歹毒的作乱者一个个把他玩弄于股掌之间，又一个个为了权力而血淋淋地倒下，他那与幼童智力相当的头脑无法理解眼前发生的一切，权力的得失也不会引起他的喜悲，可这颗头颅里有着稚拙的善恶观，偶然迸发出来的人性光辉足以令凶残的作乱者汗颜。

6

早年贾南风把持朝政的时候，有一次她的侄子在与皇太子下棋时出言不逊，一旁观棋的司马颖疾言厉色地怒斥道："皇太子是未来的主政者，你竟敢如此无礼！"忠义之言的掷地之声犹在耳畔，当年的热血青年如今却变成了兴风作浪的魔鬼。

作为荡阴之战的胜利者，兴高采烈的司马颖并没有对抓着血衣痛哭的哥哥进行情感慰藉的时间，他只是派人把司马衷送到了一个安全的地方囚禁起来，并给予了高级囚犯的待遇。

这次战果辉煌的大捷似乎使他产生了健忘症，很快就忘记了自己在战前惊慌失措的丑态。或者说，他是为了掩饰这段羞于启齿的过往，在战争刚结束，荡阴战场上的腐尸还没有被虫兽噬尽时，他就展开了报复行动，斩杀了战前劝他投降的鸽派[①]。此外，他还把盘踞在幽州的王浚列为了重点打击对象。

王浚是西晋大臣王沈极为厌恶的私生子，如果不是

[①] 这里所说的鸽派指东安王司马繇。《晋书》卷三十八记载，"惠帝之讨成都王颖，时繇遭母丧在邺，劝颖解兵而降。及王师败绩，颖怨繇，乃害之"。

因为王沈没有其他子嗣，他并没有继承爵位的机会。

关于王沈，我们只需要记住两件事：第一，他是《魏书》的作者之一，颇有文才；第二，当年，曹魏王朝的第四任皇帝曹髦（曹丕的孙子）策划政变，意图除掉司马家族，却因密谋外泄而被对手反杀，王沈就是那个可耻的告密者。

那么，王浚又做过什么呢？无论心狠还是手辣，与其父相比，他都是有过之而无不及。贾南风把持朝政的时候，曾派人在厕所里把司马衷的儿子打得脑浆迸裂，那些抢棍子的黑手当中就有他的身影。之后，几经调迁，他去到了幽州。后来，司马伦篡位，追随司马同入京勤王的司马颖发来檄文，命令他率军会师。他自知诛杀皇室血脉是十恶不赦的大罪，所以拒绝执行命令，从而与司马颖结下了深仇大恨。盘踞在幽州的这许多年里，他眼见局势越来越混乱，于是拥兵自重，并得到了鲜卑人和乌桓人的支持。当司马颖击败司马越的时候，他已经变成了一股比较独立的武装力量。

7

肃清内部的异己势力之后，司马颖派遣了一个叫和演的官员出任幽州长官，密令和演到任后除掉王浚，吞并他的兵力。对于司马颖的人事任命，王浚颇为不满，可是对方手里攥着皇帝司马衷，他暂时只能接受这个结果，以地头蛇的姿态对和演的到来表示了虚伪的欢迎。

来到幽州没几天，和演便邀请王浚共同出城游玩，随行者当中还有乌桓人的首领审登。游山玩水虽然疲累，但是王浚的心情还是不错的；只是天公不作美，行至半途，大雨倾盆而至，大家只能匆匆折返，未免有些扫兴。

回到府邸，王浚换下来的湿衣服还没有干透，审登单于就登门拜访，向他透露了一个大秘密。

原来，今天的郊游是和演策划的一场阴谋，他打算在郊外联合乌桓人击杀王浚。然而不巧的是，天降大雨，沾水的弓箭无法使用，暗杀计划只好临时废止。

审登单于登门造访，向王浚透露实情，是因为他认为王浚大难不死是吉人天相，必有天神护佑，他不愿再与之为敌，于是以此来向他示好。檐上雨帘交织，凉气氤氲，屋内的王浚却大汗淋漓，刚换上的干衣服又湿透了。在鬼门关前转一圈却毫发无损，这种好运气可不是谁都能有的。

沉思许久，他告诉乌桓人的首领，此事暂且不要声张，随后又派遣使者带着书信日夜兼程奔往并州，与并州长官司马腾取得联络，表示愿意与司马腾携手对抗司马颖。

司马腾是司马越的亲弟弟，也是司马越的忠诚盟友，双方有共荣俱损的利害关系。接到来信后，司马腾很快派军出征，与王浚合作，共同击杀了和演。随后，王浚率领本部以及鲜卑骑兵咆哮着纵贯华北平原，南下攻击司马颖。司马腾率军尾随其后，作为后援。

鲜卑人的体貌特征与汉人不同，发须偏黄。他们自小在马背上长大，弓箭就是玩具，征战就是娱乐，战斗力异常强悍，就连凶猛的石勒见到他们尚且望风而逃，与石勒不可等量齐观的司马颖更是不在话下。在鲜卑人的协助下，王浚的军队屡战屡胜，司马颖的军队连战连败。

8

王浚引来了鲜卑人，希望扭转局势的司马颖则把手伸向了匈奴人。

匈奴人曾经是中原北方边疆的大患，为祸数百年。两汉年间，朝廷曾经多次出师北伐，耗费巨大的代价出击匈奴。汉朝末年，军阀割据，厮杀不休，人口锐减，为了解决人口不足的问题，曹操将一部分匈奴人内迁至并州，分为左、右、南、北、中五部，并将匈奴首领扣押在都城做人质。西晋是个因循怠惰的王朝，虽然知道匈奴内迁的危害，但是想不到更好的治理策略，只能因袭曹魏的治匈政策。八王之乱期间，被扣押在洛阳做人质的匈奴首领是刘渊。

司马颖不是蠢人，不可能不知道引入匈奴参加内战的风险，只是败亡之祸迫在眉睫，在权力的诱惑下，他已经顾不了那么多了。于是，他做了一个令人战栗的决定——给刘渊自由，让他回并州搬匈奴救兵。很不幸，刘渊一去不复返。回到并州之后，他很快就自称汉王，以光复大汉为名，建立了一个割据政权。

随着前线战况的恶化和王浚的逼近，邺城人心浮动，每天都有数不清的士民和逃兵离开邺城，一到晚上，城里一片黑暗，点灯的人家寥寥无几。

站在王宫里的高台上，俯视凄凉的夜色，司马颖知道败局已经无法挽回，于是带着心腹和百十来个侍卫，裹挟着司马衷仓皇逃往京城。

不久，王浚进驻邺城，烧杀抢掠。

如前所述，荡阴之战过后，陈眕率领一部分残余兵力逃回了京城。

陈眕曾经是司马越的追随者，政治立场与司马颖相对。

司马颖是成都王，封国在巴蜀一带，既然如此，他为什么不回自己的封国，却将京城作为避难所？他这样做不是自投罗网吗？

沸腾的炼狱

自从列王内战愈演愈烈，賨（cóng）人[①]也开始在巴蜀地区扩张势力。司马颖知道封国内部血流成河，但是忙着争夺皇位的他无暇顾及；等到他被王浚击败，賨人的旗帜早就遍布巴蜀，他已经成了有家不能回的浪子。

1

荡阴兵败之后，司马越率领一部分兵力逃回东海国，而另外一部分兵力追随陈眕逃到了京城。与此同时，司马颙派来支援司马颖的救兵也在"食人魔"张方的率领下来到了京城附近。虽然他们来晚了，没有赶上荡阴之战，但毕竟是来了。

陈眕并不欢迎张方的到来，率军出城与之激战。彼此正僵持不下时，皇太子司马覃因为不甘心被陈眕把持，趁夜发动突袭，赶走陈眕，放张方进了城。结果，张方入城之后，做的第一件事就是废除了司马覃的太子之位。

以上就是司马颖逃奔京城的背景。司马颖回不去自己的封国，于是选择来到京城，指望盟友手下的张方能给他提供庇护。

司马颙的地盘在关中和雍州，大致来说，就是现在的陕西以及西北局部地区；京城洛阳在河南，与司马颙

---

① 秦至南北朝时巴人的称谓。

的地盘之间隔着并州；并州大致相当于现在的山西中南部，以及河北局部地区，被司马颖放虎归山的匈奴人刘渊就盘踞在这里。

因为有限的实力和夹在中间的刘渊，司马颙并不能有效控制中原；所以，当司马颖和弱智皇帝司马衷落入张方手中的消息传回之后，欣喜若狂的司马颙急令张方带着他们赶回长安。

自从张方进入京城，他的士兵就在平民区明火执仗地劫掠，大街上到处都是凶暴的士兵和血泪满面的平民。只有皇宫比较安全，稍有权势的官员们全都惊恐不安地待在皇宫里，听着宫墙外惨怛的哀号，只能置若罔闻。

当司马颙的急令传来，皇宫也开始变得不安全了。张方临行前纵兵入宫，把值钱的东西洗劫一空，并强行挟持了司马衷、司马颖以及一众官员，逼迫他们一起启程。出发之前，张方一度有火烧京城的念头。一百多年以前，同样是在京城，恶魔董卓干过同样的事。一百多年过去了，许多人依然对董卓的恶行保留着恐怖的记忆。经过一个官员小心翼翼的提醒，张方掂量了一番，终于放弃了这个愚蠢又残忍的念头。

2

经过长达一个多月的辗转，张方一行人马在深冬时节回到了长安。

上一次见面是在京城，司马颙得看司马颖的脸色；这一次却强弱易势，寄人篱下的司马颖变成了察言观色的人，司马颙每一个不愉快的表情，即使很细微，也足以使他胆战心惊。

十二月二十四日，再有几天就是新年了。一封诏书被送到了司马颖的府邸，其中宣称他无才无德，不堪大用，自即日起，废除他皇太弟的身份。诏书的言辞愤懑哀痛，一副恨铁不成钢的口气，但是司马颖仍然能够清楚地感受到其中的侮辱性意味。接过诏书的那一刻，他好像在诏书上看到了司马颙得意的笑脸。随后，又有一封新的诏书下达，不过不是给他的，而是给司马颙的，内容是扩大司马颙的职权，尤其是人事任免权。

几天之后，新年到了，司马颖和司马颙各自怀着不同的心情迎来了新的一年。

与郁郁寡欢的司马颖相比，司马颙的确心情不错。可是，这种欢喜是有限的，准确地说，这是一种患得患失的欢喜。王朝的王牌是落到了他手里，可是这张牌的分量有多重，在很大程度上取决于东海王司马越的态度。他已经派遣使者奔赴东海国，以皇帝的名义邀请司马越来长安商谈国是，结束内战，共同辅政。

通过这一步棋，司马颙把司马越逼到了尴尬的境地：如果司马越来长安，那就是自投罗网；如果他不来，拒绝和谈，那就可以给他扣上穷兵黩武的帽子，使他受尽千夫所指。

3

自然，蓄意发动内战的帽子这一下也落到了司马越的头上。

当时，在司马颙和司马越这两大阵营之外，还有一些大大小小的中间派。如果把这些人的名字列出来，即使作个简单介绍，也得唠唠叨叨几千字，一大堆人名也难免使我们眼花缭乱；所以，这里尽量简化，只需要记住司马虓就可以。他是晋武帝司马炎的族弟，也是中间派的核心人物之一。

所谓的"和谈"破裂之后，以司马虓为核心的中间派倒向司马越的阵营，与王浚共同推举司马越为盟主。他们打着迎接晋惠帝回京以及讨伐张方的旗号，率领一大片黑压压的军队攻向长安。

利用握在手里的王牌，司马颙做了最后一次心存侥幸的努力——诏令司马越解散盟军，然而徒劳无功。司马越的箭已经射出来了，怎么可能收得回来呢？

随后的一年多里，司马颙和司马越就像两条发疯的狂犬，在中原以及江淮一带激烈地互相撕咬，三天一小战，五天一大战，伏尸千里，骸骨盈野，人人自危。好好的一个大活人，一会儿工夫就没了；好好的一片庄稼地，一会儿工夫就被踏平了；好好的一个村庄，一会儿工夫就变成了一堆废墟。一到夜晚，漫山遍野都是绿油油的鬼火，每一天都可能是最后一天，每一次见都可能是最后一面，人们谈论明天好像是在谈论遥远的未来，谈论明年好像是在谈论下一次转世。

除了司马颙和司马越，在中原一带兴风作浪的还有一股流寇，那就是司马颖的旧部。

司马颖被劫持到长安之后，他的旧部在邺城附近起兵作乱，打着迎立他的旗号在混乱的局势里趁火打劫，如同强盗。后来建立了后赵王朝的羯族人石勒就在这一股流寇当中，只不过这时候他还只是个小头目。

4

随着局势的演变，司马越渐渐占据了优势。为了扭转乾坤，司马颙把沉寂许久的司马颖搬出来，调拨给他一千个士兵，让他回邺城召集旧部，抗击司马越。

然而这并没有什么用，使尽浑身解数的司马颖只走到京城就被敌军挡住了去路。他的兵力有限，根本不能跟势力强劲的敌军硬拼，一看对比如此悬殊，就掉头往长安跑。

司马颙这时候害怕了，打算再次启动和谈。

当初下令挟持晋惠帝到长安的是司马颙，但是直接动手的是张方。

张方很清楚，一旦达成和解，自己就会被当成替罪羊；所以他极力反对和谈，一直劝说司马颙坚持到底。一些官员嫉妒司马颙对他的宠信，趁机打小报告，说他想谋反。司马颙一时失察，就砍了他的脑袋，并把人头送到司马越的营地，以示再次启动和谈的诚意。

司马颙手下的战将当中，最令盟军忌惮的就是凶残的张方，如今一看张方死了，大家欢呼雀跃，更是铆足了劲头杀向长安。

不久，盟军攻破潼关，由王浚派遣的以鲜卑骑兵为主力的前锋杀进长安，在城里烧杀抢掠，残杀了两万多人。

司马颙扔下司马衷，仓皇逃入了深山老林。司马颖则趁机摆脱了他的控制，带着两个儿子匆忙离开长安，奔往东方的邺城，打算投奔旧部。但很不幸，他没有走多远，就被司马虓的手下抓获了。

司马虓是个学士型的藩王，颇有仁慈之心，他不忍心加害司马颖父子，只是把他们囚禁起来，妥善加以看护。

回想起那段为了争权夺利而惶惶不可终日，时时刻刻害怕被人算计利用的岁月，身陷囹圄的司马颖有一种恍若隔世的感觉。虽然失去了自由，但是远离了权力纷争的他反而感受到了一种前所未有的平静。

有时候，他会想起少年时代所学的经书里圣人的教诲："三十而立，四十而不惑，五十而知天命。"这一年，他二十八岁，在离而立之年还有两年的时候，跌落到了人生的谷底。

对于失去的权力和世俗意义上最为重要的荣华富贵，他忽然没了太多的惋惜，而是开始思索起了王朝未来的命运。可悲的是，当年在权力游戏的赌桌上赌得双眼血红的时候，他却从来没有考虑过这个问题。

而今，权力与富贵烟消云散，他成了权力游戏的边缘人，回忆前尘往事，当已经成为骸骨的司马亮、司马玮、司马伦、司马冏、司马乂在他的脑海里反复闪现的时候，他只能发出一声悲凉的叹息。

5

此时，外界的战争还没有结束，盟军正在围剿司马颙的残部。司马虓虽然军务倥偬，但还是会经常挤时间来狱中看望族侄。然而，司马颖在狱中待到一个多月的时候，司马虓忽然不来了。

事实上，他是死了，暴毙，死因不明。随后，他的手下刘舆——闻鸡起舞的大英雄刘琨的哥哥——担心司马颖重新被旧部迎立，成为后患，于是伪造了一道诏书，派人伪装成朝廷派来的使者，下令将司马颖勒死。

狱中的司马颖平静地接受了诏书，好像将要被勒死的是别人。

他问行刑者："司马虓是不是已经死了？"

行刑者说："不知道。"

他又问："你多大了？"

行刑者说："五十。"

他又问："你知道什么是天命吗？"

行刑者说："不知道。"

他又问："我死以后，你说这天下是会变好呢，还是会变坏？"

行刑者默然不语。

司马颖看看自己肮脏的手脚，悲哀地叹口气，说："给我取一些热水来吧。"自从被废之后，似乎是为了自我惩罚，他已经很长时间没有沐浴了。

十月的深夜已经有些凉意，司马颖默默地清洗着身体上的污垢，好像一个即将告别职业生涯的棺材匠在仔细刨光每一片木板，准备给自己做一口上好的棺木。

沐浴完毕，白绫被呈上，司马颖的两个儿子知道即将发生什么，号啕大哭。司马颖让狱卒把两个孩子带出去，然后头朝着京城所在的方向躺下，示意可以开始行刑。同时，那两个被带出去的孩子也在外面被杀。

司马颖——八王之乱中第六个被送上祭坛的诸侯王。

6

监狱里一片死寂，监狱外围剿司马颙残部的战争也已经接近尾声。

占领长安之后，司马越带着晋惠帝司马衷东归，把西线战事交给手下，命令他们继续追歼司马颙的残部。经过一番力量不均等的较量，穷途末路的司马颙再无回天之力，只能据守几座孤城作困兽之斗，被歼灭只是时间问题了。不久，一封诏书被送到了他的营地，其中宣称既往不咎，命令他尽快赶往京城，与司马越共同辅政。

反败为胜是不可能了，司马颙这时候有三个选择：第一，顽抗到底，战死；第二，流亡，隐姓埋名；第三，依诏书所言，入京。司马颙不想死，更不想放弃荣华富贵，或许是因为心存侥幸，几经衡量后，他选择了第三条路，带着三个儿子离开关中，启程赶往京城。

车驾离开关中，迢迢东行，目睹着秋日里的萧萧落叶、随处可见的腐烂尸骸，司马颙毫无悲悯之心，一路走来，他所思所想只有自己的安危和未来的富贵。每当车驾走到荒凉的山野，他就忍不住心头发紧，唯恐在这里遭到司马越的伏击，幸运的是，这种忧虑并没有变成现实。

当车驾来到离洛阳不足百里的新安^①时，前方走来了一小股司马越派来的军队。司马颙长舒一口气，看来司马越对悠悠众口还是有所顾忌的，既然走这么远都没有发生什么事，入京之后就应该更安全了。他在车厢里整整衣冠，正准备与迎面而来的军队接洽。然而，下一个瞬间，他的脸僵住了——车帘被掀开，一个高大魁梧的武士探身进来，在他发声之前就扼住了他的喉咙，随着这双手上的力道的加剧，他的意识渐渐变得模糊……恍惚中，他听到车厢外面有利刃砍入骨头的声音和恐惧的尖叫声，他对这尖叫声很熟悉，那是他三个儿子的声音。

司马颙——八王之乱中第七个被送上祭坛的诸侯王。

杀人现场很快就被清理了，如同什么都没有发生过。

———————————

① 今河南新安。

京城的皇宫里，司马越正在接受百官的恭贺，这个老人的脸平平无奇，遍布着老人斑，神色平静、深沉，令人畏惧。

皇宫之外，王朝的大多数民众都在忙着发丧出殡，这里可能是唯一有喜庆气氛的地方。

当宴会结束，百官散去，皇宫里恢复沉寂，司马越默默地打开了残破的山川地理图。随着地图的缓缓铺开，他的眉心渐渐鼓起，如同一个坟包……

狂暴的战车

随着司马越的暂时胜出，前后持续十六年的八王之乱落下了帷幕。

昏聩糊涂的司马亮、刚愎自用的司马玮、野心勃勃的司马伦、骄狂自大的司马冏、生不逢时的司马乂、作茧自缚的司马颖、包藏祸心的司马颙先后倒下，不声不响的东海王司马越最终成了西晋王朝的执剑人。他得到了摇摇欲坠的河山，就得喝下八王之乱酿成的苦酒。

1

事实上，八王之乱的故事到这里就说完了，只是有一个问题还得说一下，那就是这场持续十六年的动乱产生的影响。

西晋王朝有二十多个州，如果把这些州的名字一个个列出来，再说它们相当于现在的哪里，又要啰啰唆唆一大堆。所以，我们依然按照尽量简化的原则，把西晋王朝的版图分成南方和北方两个大区，来看看司马越面临的是什么样的局面。

先说南方。

八王混战期间，賨人在巴蜀建立了成汉王朝，这块地盘是司马越管不了的。除了巴蜀，南方其他地方怎么样呢？这个问题牵涉到东晋的立国，说起来也很复杂。

在这里，我们只需要知道南方其他地区对司马越的态度很复杂，给予的支持很有限，更多的是抵制和疑虑。

简而言之，南方帮不了司马越多大的忙，不给他添乱就谢天谢地了。那么，北方怎么样呢？

北方大区可以分成五个小区，即关中、黄土高原、河西、东北、华北。

关中原先是司马颙的势力范围。作为内战胜利者，司马越虽然能勉强控制住这里的局势，但是战后的关中情形很不好——饥荒四起，瘟疫肆虐，盗寇横行。

关中西北部是河西。自从八王混战愈演愈烈，凉州刺史张轨就有意识地远离战祸，保境安民；因此别的地方血流成河，河西却一直比较太平。虽然有割据一方的实力，但是张轨对朝廷比较忠诚，这一块地盘暂时没有太大的问题。

关中东部是黄土高原，匈奴人刘渊就盘踞在这里。

越过黄土高原东部的太行山，是辽阔的华北。西晋王朝的都城洛阳和司马越的大本营东海国，就坐落在这里，这是司马越的主要活动范围。但是盘踞在华北北部的王浚是他不敢轻易招惹的，只能尽量安抚；同时，在华北中部，分别以汲桑和王弥为首的两股流寇正在兴风作浪。

华北的东北部是一望无垠的东北大平原，这是鲜卑人的势力范围，司马越鞭长莫及。

可见，与全盛时期的西晋相比，被八王之乱祸害过的西晋显然是个支离破碎的烂摊子。可是，这是不是意味着完全没有翻盘的机会呢？

八王之乱结束之后，少数民族政权蜂起，十六国时代来临。说到这段历史，我们有一个根深蒂固的印象，好像少数民族政权一出现，势头就特别凶猛，不可遏止。

可是事实上并不是这样，八王之乱落下帷幕的时候，出现了两个少数民族政权，即盘踞在黄土高原的匈奴人（汉赵王朝）和盘踞在巴蜀的賨人（成汉王朝）。賨人胃口有限，割据一方就心满意足，真正有野心的是匈奴人刘渊，他想干的事是取代司马氏，入主中原。可是这时候刘渊的处境还是比较艰难的，势力并不能溢出黄土高原。

如果司马越有运筹帷幄的才能和为国效命的忠诚，西晋复兴并不是绝无可能。遗憾的是，这两样东西他都不具备。虽然他也做过战略反攻的尝试，可是由于扭曲的野心，以及用人不当，光复河山的梦想很快就成了空洞的痴人呓语，西晋王朝也因此失去了最后的翻盘机会。

在经历了永嘉之乱的重创后，朝廷终于一蹶不振，只能退守江东，古老的中国也由此进入了长达近三个世纪的南北大分裂时代。

2

司马越的战略反攻计划是怎么被摧毁的呢？

八王之乱接近尾声的时候，西晋王朝发生了一件大事：晋惠帝司马衷忽然死了，中毒而死。

显然，这是一起谋杀案。下毒的是谁？幕后主使是谁？如果详加排查，谋杀案很容易告破。可是晋惠帝死得悄无声息，朝野一片沉寂，好像什么都没有发生过。

民众不关心这种事容易理解，经历了这么多战祸，大家早就对晋惠帝丧失了信心，死了就死了，没什么可惜的。可是，朝廷居然也对此事置若罔闻，就很令人费解，毕竟死的人是皇帝，而且还是被毒杀。提到这桩谋杀案，史官的措辞很谨慎，留有余地，只是说幕后黑手可能是司马越。①

是不是司马越？不好说，可能是司马越本人，也可

---

① 害死司马衷的幕后黑手，大概率是司马越，但史官的措辞很谨慎。据《晋书》卷四记载，"及天下荒乱，百姓饿死，帝曰：'何不食肉糜？'其蒙蔽皆此类也。后因食饼中毒而崩，或云司马越之鸩"，这里的"或"即一种猜测。

能是善于揣测上意的手下擅自所为。无论如何，晋惠帝已经死了，皇位不能空着，必须确立继承人。

关于这个问题，司马越的态度很微妙。当时，皇位继承人的人选有两个：一个是司马衷的侄儿，十三岁的司马覃[①]；另一个是司马衷的弟弟，二十四岁的司马炽。

站在局外人的立场上，少年司马覃应该是最好的选择，毕竟他年龄小，相对容易控制；然而，司马越选择的却是正当盛年的司马炽。

为什么会出现这种结果？这得说到羊献容，她是晋惠帝的第二任皇后，在朝廷和地方都有支持者。总体而言，支持她的人有一个共同特点，那就是基本都对皇室比较忠诚，主张打击尾大不掉的强藩，意图通过她对王朝大政施加影响，制约藩王势力。而羊献容本人也有干政的意愿，确立皇位继承人的时候，她就与司马越有过一番明争暗斗。让这样一个女强人留在朝廷里，当然是司马越不能容忍的。

如果复立司马覃为皇太子，羊献容就是皇太后，她依然可以影响大政；但如果立司马炽为皇太弟，那么问

---

① 司马炽称帝后，前北军中候吕雍、度支校尉陈颜等图谋迎立司马覃，司马越知道此事后，矫诏将司马覃囚禁于金墉城，不久之后将其杀死。

题就不存在了。因为羊献容是司马炽的嫂子，按照礼制，一旦司马炽登基，她就得彻底退出。所以，司马越最终选择司马炽，既是为了把羊献容挤出权力中心，也是为了敲打她背后的支持者。另外，八王混战期间，一直有意识地远离斗争风暴、明哲保身的司马炽也让司马越产生了错觉，以为这个小伙子容易控制。

3

光熙元年（306）年底，司马炽登基，是为怀帝，次年改年号为永嘉。晋怀帝一登上皇位就表现出了打压司马越的强硬姿态，司马越猝不及防。为了远离掣肘之患，司马越上表请求外调，随后被派驻许昌，同时他也开始部署战略反攻。

华北自古以来就是中原王朝的命根子，司马越对这一块地盘不敢掉以轻心，于是亲自坐镇位于洛阳东南部的许昌，并派遣二弟司马腾驻守位于洛阳东北部的邺城，以互为犄角，共同防御华北。

关中是怎么安排的呢？被派驻到这里的，是司马越的四弟司马模。此外，司马越还派遣刘琨进驻并州，以牵制刘渊。

在南方，司马越也作了相应的战略部署：派遣三弟司马略镇守荆州、琅邪王司马睿镇守扬州。

战略格局雄伟宏大，可是却不堪一击。

最先搞出问题的是老二司马腾。我们在前面说过，司马颖失势之后，他的旧部打着迎立他的旗号，在华北肆虐逞凶，羯族人石勒就在其中。八王之乱接近尾声的时候，这一股流寇被司马越的军队击溃了。此后，石勒追随一个叫汲桑的牧场主，继续打着为司马颖复仇的旗号转战华北。

司马腾误判形势，认为汲桑只是小毛贼，因此掉以轻心，致使邺城突然沦陷。大祸来得突然，司马腾甚至连逃跑的机会都没有就命丧敌手。汲桑和石勒在邺城烧杀抢掠一番后，扬长而去。

邺城是军事重镇，也是京城的东大门。司马越闻讯大惊，急令兖州刺史苟晞剿灭汲桑。苟晞是一代名将，性格冷酷，喜好杀戮，被时人称为"屠伯"。经过大小三十多次激战，汲桑兵败被杀，而石勒侥幸躲过一劫，且在逃亡途中招降了几个名不见经传的小型少数民族部落，率众投奔刘渊去了。

对于苟晞的表现，司马越非常满意，为了收买人心，他与苟晞结为兄弟。但他的谋士认为，兖州是军事要地，苟晞并非纯臣，让苟晞继续镇守兖州，只怕会有不测之祸，不如用明升暗降的办法，将苟晞调往青州。司马越深以为然，于是听从其议。苟晞对此颇为愤怒，但一时找不到反击的办法，只好隐忍不发。

4

除了已经被击杀的汲桑，华北还有一股以王弥为首的流寇。王弥是汉人，出身于名门世家，满腹经纶，精于骑射，却是一个怪人，以造反闹事为乐，但凡外出掳掠都会事先筹划，从不失手，来去飘忽，被时人称为"飞豹"。他可比汲桑难对付得多，王浚和苟晞轮番上阵，都无法把他彻底剿灭。最为猖狂的时候，他甚至攻破了许昌，并且率军向京城挺进，司马越费尽九牛二虎之力才把他击溃。随后，王弥率领残部投奔刘渊。

随着石勒和王弥的败逃，华北暂时恢复了稳定；可是，司马越还来不及长舒一口气，他的四弟司马模镇守的关中又出事了。

此公进驻关中不久，就因为渎职遭到弹劾。司马越想把他调回京城，然而司马模拒绝回朝，表露出了割据关中的野心。恼怒不堪的司马越无力平乱，又不敢激化矛盾，只好默默地接受了现状。

司马越当初派遣司马模镇守关中，战略意图之一就是希望能在他的配合下钳制刘渊，支援刘琨。因为司马模割据一方，自立门户，司马越的战略意图成了海市蜃楼。因为石勒和王弥的加盟，刘渊实力大增，司马越、司马模兄弟失和，更给刘渊带来了扩张势力的空前良机。此后，他坐镇大本营，与刘琨周旋；又派遣石勒和王弥兵分两路向华北挺进，曾经两次兵临京城，险些破城而入；并且不时派军西征关中，震慑司马模。

至此，司马越在中国北方构建的战略防线基本全盘崩溃。那么，南方的局势怎么样呢？

起初，负责镇守荆州的是司马越的三弟司马略，他的治绩还是不错的，至少能够维持基本稳定，可惜他的寿命不长。其后，一个叫山简的官员接替了他的职位。此公是"竹林七贤"之一——山涛——的儿子，他嗜酒如命，荒废政务，因为对南下避祸的北方流民处理不当，到任不久就把荆州搞得一团糟，致使民变四起。

与之相比，由司马睿镇守的扬州的情况要好一些，可是也好不到哪里去。因为当地士族的势力很大，司马睿正在积极寻求他们的支持，以便于立足，所以没有能力给予司马越太多的实质性帮助。

5

这里需要重点表扬的是刘琨和凉州长官张轨。

刘琨原先可不是什么好人，他在八王混战期间不停地更换门庭，可谓是趋炎附势之流。八王混战结束之后，他受命于危难之间，被派往并州牵制刘渊。上任途中，目睹破碎如絮的山河和流离失所的灾民，他幡然悔悟，痛改前非，后在并州苦心经营，屡次牵制刘渊，使其不敢轻举妄动。即使在局势已经无法挽回的形势下，刘琨也没有退缩过。当西晋王朝风雨飘摇的时候，张轨屡次主动派遣骁勇的凉州骑兵南下支援，几乎是有难必救。当时有一首童谣，其中所唱的"凉州大马，横行天下"，就是赞扬他的雪中送炭之功。可是他的援兵只能缓解局部地区的危难，并不能逆转整体形势。

南北两地的形势如此不利，西晋命悬一线；可是朝廷内部的权力斗争非但没有因为迫在眉睫的外患而有所缓解，反而愈演愈烈。同舟共济尚且狂澜难挽，何况是阋墙不止？

形势危如累卵，司马越作为西晋王朝事实上的主政者难辞其咎，无论是在中央还是在地方，都有一些人对他极为不满。有些人甚至把问题提到了明面上，谴责他祸国弄权，致使半壁江山残破，并主张迁都到江淮流域。

为了防止晋怀帝趁机发难，司马越于永嘉三年（309）率军进入京城，当着晋怀帝的面，明目张胆地诛杀帝党成员，将禁军全部外调，换成了从大本营东海国带来的军队。他抗击外敌力有不逮，铲除政敌却是得心应手。在此期间，刘琨承受不住刘渊^①的压力，苦苦哀求司马越派遣苟晞率军赴援，可司马越怕苟晞势大难制，居然无动于衷。

在内部的争权斗争中，司马越硕果累累，胜利的代价却是局势的进一步恶化。当他集中精力铲除异己而无暇顾及外围战线的时候，刘渊的军队高歌猛进，全力开动狂暴的战车，在华北地区以秋风扫落叶之势左冲右突，碾压一切，粉碎一切，如入无人之境。等到内部的异己势力被消灭得差不多了，司马越忽然发现，华北绝大部分地区已经成了敌人的势力范围。

6

永嘉五年（311）三月，司马越以讨伐石勒为名，把妃子裴氏、儿子司马毗留在京城，亲自率领主力军队东行。

所谓讨伐石勒只是掩人耳目的幌子，事实上，司马越对于华北中心地带的防务已经失去信心，东行的真实目的是回到东海国，以大本营为据点，设法稳定南方局

---

① 刘渊本部此时的实力其实说不上有多强，石勒、王弥投奔他以后基本处于半独立状态，他们在华北地区游动作战，这也就为汉赵政权后来的分裂埋下了隐患。

势，然后以南方为后盾，再图卷土重来。至于让妻儿留守京城，只是一种安抚人心的手段。可是这并没有什么用，此时的京城已经残破不堪，大家眼看主力离开，京城守备空虚，唯恐敌人乘虚突袭，纷纷跟着主力军队东行。

晋怀帝恼恨司马越祸国乱政的行径，司马越的军队刚刚离开京城，他就给苟晞发了一道密诏，命令苟晞讨伐司马越。司马越闻讯忧愤交加，一病不起，没过几天就死在了回封国的路上。临终时他委托王衍继续带军东行。

为了稳定军心，王衍秘不发丧，派人潜回京城传递内部消息。随后，裴妃、司马毗以及其他三十多个藩王率领留守军队离开京城，赶往东部与主力会合。就在他们东行的路上，石勒的追兵在宁平城（今河南郸城）附近包围了王衍所率的主力。

虽然王衍的兵力占据优势，但是全军上下没有一个出色的指挥官；将士们一见气势汹汹的追兵赶到，立刻乱成一团。随军东行的京城士民呼啸奔走，更加剧了形势的混乱。

对于这场稳操胜券的战斗，石勒根本不用花费太多的心思来排兵布阵。他命令将士从四面八方把敌人围起来，架起强弓硬弩，发动齐射，直到没有活口为止。与其说这是战斗，不如说是屠杀。

与此同时，由裴妃、司马毗率领的少量军队也在东行途中遭到了石勒的截击，裴妃被掠卖为奴，司马毗以及随军出行的三十多个宗室藩王全部被杀（另一说为四十八个藩王）。

7

东部惨变的消息传到京城，晋怀帝震怖，打算带着众官员逃离京城。但是一些官员舍不得抛弃家产，拒绝离京，晋怀帝无奈，只好带着心腹离开。然而就在他们准备启程的时候，才发现这么大的一个皇宫里居然连一辆车都没有，只能徒步出宫。他们刚刚走出宫城进入平民区，就遭到了强盗的劫掠，只好相携着原路返回。

几天之后，石勒、王弥、刘曜（刘渊的侄子）相继兵临城下，不费吹灰之力就进入了守备空虚的京城，俘虏了晋怀帝和惠帝之羊皇后，接着纵兵挖掘皇陵，烧杀抢掠，最后一把火烧了京城，全城死难者多达三万人。

自汉末董卓作乱以来，这是京城第二次遭到如此惨重的破坏。自此开始，少数民族政权史无前例地正式入主中原，西晋王朝完全丧失了东山再起的可能，只能苟延残喘。北方的士民纷纷背井离乡，南下避祸，史称"永嘉南渡"。

将至的寒冬

永嘉之乱在中国历史上是前所未有的大变局，这是少数民族政权第一次入主中原。对于少数民族政权，我们不能一竿子打死，一说到他们就满口暴虐、凶残、杀戮、狼子野心……事实上，有作为的少数民族政权并不罕见，他们对中国的各方面融合再造功不可没。

同时，我们也得知道，与汉人政权相比，少数民族政权整体上缺乏管理农耕文明的经验，尤其是在十六国初期，他们的破坏性的确大于建设性。因此，当永嘉之乱爆发的时候，千百年来在农耕土地上生长的中原文明就面临着被摧毁的危险。

作为后来人，我们翻翻书就知道事态发展的结局——东晋建立，汉人政权成功续命，有惊无险地躲过了一劫。我们还知道，东晋的政治制度在中国历史上极为特殊，历史学家称其为门阀政治。门阀和门阀政治，只是差了两个字，意义却大不相同。

什么是门阀呢？通俗地说，门阀就是有权有势的大家族。它的雏形出现于汉，发展于曹魏和西晋。这三个阶段都是皇权时代，门阀附属于皇权。然而，在东晋王朝，形势却逆转了，原本依附于皇权的门阀反客为主，凌驾于皇权之上，皇权反而附属于门阀了——这也就是所谓的门阀政治。门阀政治的创始人，就是琅邪王家。

为什么门阀政治偏偏出现在江东，而不是其他地方？为什么与司马氏共天下的是王家，而不是其他家族？

1

先把时间倒回到荡阴激战这一天吧。当天，东海王司马越战败，随同他一起出征的晋惠帝和一些宗室藩王都落到了成都王司马颖手里。其中有一个叫司马睿①的年轻藩王，时年二十八岁，除了额头左边有一缕从小就有的白发，他并没有什么很惹眼的地方。在八王混战期间，他一直置身事外，也没有什么功绩或者罪责可言，此次出现在荡阴战场上，与其说是主动参与，不如说是被司马越裹挟而来。

荡阴战役前夕，司马颖的阵营当中发生过激烈的争论，鸽派主张投降，鹰派主张迎战。战后，得意忘形的司马颖展开报复，诛杀鸽派，而司马睿的叔叔司马繇就是鸽派的头面人物。身为战俘的司马睿本来就有朝不保夕的危机感，叔叔被处死后，他更是唯恐受其牵连，惶惶不可终日。

一个电闪雷鸣的夜里，趁着守备松懈，他在滂沱大雨的掩护下逃离囚笼，几经辗转，最终回到了自己的封

---

① 即后来开创东晋王朝的晋元帝。

国琅邪，并决定与司马越合作。

东海国与琅邪国是邻国。经历了荡阴惨败的司马越此时正在想方设法壮大声势，对雪中送炭的司马睿自然是百般欢迎。当他卷土重来，再次讨伐司马颖的时候，被安排留守大本营的就是司马睿，由此可见他对司马睿是很器重的。而协助司马睿处理后方军政要务的，就是东晋的开国元勋王导。

司马睿和王导是怎么走到一起的呢？这两个人之间的渊源可谓颇深。

琅邪王家是琅邪国的头号门阀，王导就是琅邪王家的青年才俊。司马睿的爷爷和父亲都是琅邪王，这两代人为了得到当地门阀的支持，向来非常注重与王家的友好往来。

作为第三代琅邪王，司马睿从小就和同岁的王导是好朋友。长大之后，王导到京城游历，司马睿也离开封国到京城看花花世界，在同为"京漂"的岁月里，两人互相照应，关系更是亲如兄弟。[①]

[①] 司马睿与王导的关系，以及琅邪王与琅邪王家的关系有些复杂，此处不赘述，可参考田余庆《东晋门阀政治》第一章"释'王与马共天下'"。

2

王导的政治天赋极高，对局势有着洞若观火的认识。早在八王之乱中期，他就意识到形势将会越来越糟，于是建议司马睿尽快离京回封国，早做打算。可是司马睿迟迟没有什么动作，以至于荡阴之战过后遭受被俘之辱。

虽然史书没有相关记载，但是我们可以肯定：潜逃回封国的司马睿在考虑下一步的打算时，必然会咨询王导的意见，两人也正是由此展开了正式的政治合作。

司马颖战败之后，晋惠帝被司马颙劫持到了关中，中原成了一块权力真空地带。许多世家大族眼见局势动荡，参与政治的风险太大，稍有失误就会惨遭杀身之祸，甚至是灭门之灾，于是纷纷远离了权力斗争。

为了得到这些门阀大族的支持，壮大声势，招揽才俊，司马越决定与一个重要的人物合作，他就是我们以前提过的王衍。

早在贾南风时代，王衍就进入了权力中心，这么多年里，八王你砍我杀，此起彼伏，他凭借着见风使舵的本领和趋吉避凶的嗅觉，不但一次次成功地躲过了风浪，还能始终屹立不倒，步步高升。司马越选择与他合作，是因为他是琅邪王家的头号人物，可以被树立成招揽门阀大族的样板。

王衍此前追随的是司马颖，随着司马颖的惨败，他必须另觅高枝才能维护自己的权势和家族利益。对于权欲熏心的他而言，司马越的邀请函正是一个不容错过的好机会，所以他们彼此一拍即合。

3

司马越的宣传策略很有效，在王衍的带头作用下，许多名士纷纷来到司马越的幕府栖身。当时流行玄学，王衍本人尤其精通此道，所以被他网罗的名士有一大半都是他的同道中人。①

永嘉之乱过后，北方局势震荡，这些精通玄学的名士纷纷南下，投靠在江东已成气候的司马睿，这直接影响到了东晋政治中枢的文化风气。上行下效，这也是玄学在东晋王朝颇为风靡的原因之一。

等到司马颖和司马颙兵败被杀，八王之乱告一段落，司马越和王衍对战略布局作出了全新的调整：司马越的几个弟弟和王衍的几个弟弟分别出镇天下险要之地。琅邪王司马睿和王导就是在这时候一起南下，进驻建业，开始经营江东的。

---

① 东晋十六国期间，玄风为何兴盛于江东？这是一个很有意思的历史问题，可参考陈苏镇的《两汉魏晋南北朝史探幽》之"司马越与永嘉之乱"。

东晋建立初期，江东流传着"王与马，共天下"的说法。事实上，在司马睿与王导南下之前，"王与马，共天下"的局面在北方就已经基本成形了，江东的王马组合就是从司马越和王衍的组合中分离出来的。司马越与王衍的组合是"大王马"，司马睿与王导的组合是"小王马"。

不同之处在于，"大王马"组合是以"马"为主导，"小王马"组合是以"王"为主导。"大王马"并没有将政治中心南迁的意图。他们派遣"小王马"南下，是为了把南方的物资运到北方，支援北方的战事；同时让他们设法稳定江东局势，把江东打造成广阔的战略大后方。

"小王马"南下江东的时间是永嘉元年（307）。当他们到江东的时候，面临的是什么样的局势呢？

4

江东原先是孙吴的地盘。三国时期的魏、蜀、吴三个政权当中，孙吴治理江东的策略比较特殊。魏国和蜀国对境内强宗大族的打压力度比较大，强宗大族的势力有限；而孙吴是由江东的强宗大族拥立的一个政权，他们拥戴孙家，是为了借助孙家的武力保全一方，使江东免受汉末战乱的冲击。所以作为回报，孙吴对他们的家族利益给予了足够的尊重，除了给予经济特权和政治特权，还给予军事特权，允许他们拥有私人武装力量，强盛的大家族所拥有的私兵甚至多达万人。

西晋朝廷很了解江东政权的特殊性，因此晋武帝司马炎消灭孙吴初期，并没有对江东的权力格局进行太大的调整，强宗大族的利益和特权基本维持原状：你原来管哪块地盘，现在还管哪块地盘；你原来是什么官，现在还是什么官。不同的地方只在于：你原来的效忠对象是孙家，现在变成了司马家。

显然，这只是维稳的权宜之计。为了加强江东与中原的凝聚力，瓦解地域色彩浓厚的江东门阀，司马炎随后还推行过一些吸收江东人才进入中原朝廷的政策，可是效果并不理想。

原先，江东强宗大族在孙吴政权当中是一流门阀，孙吴灭亡之后，作为"亡国奴"的他们身价大跌，沦落成了西晋王朝的次等门阀。人才引进政策颁布初期，他们还是积极配合的；可是在北方门阀眼里，他们只是卑贱的"亡国奴"、可怜的破落户，就连孙吴名将陆逊的子孙和陶侃这样的大才，在北方也是屡遭白眼。

引进南方才俊的政策是好的，但由于北方门阀的歧视和阻挠，南人的上升渠道实际上极为不畅，上升空间极小。经历的挫折多了，大家也就渐渐心灰意冷了。所以，在司马炎在世期间，江东强宗大族的地域色彩并没有遭到削弱，整体实力依然强盛；而司马炎一死，八王之乱马上开始，朝廷的权威日渐崩溃，江东的离心趋势也随之日渐明显。

江东大族的实力有多强呢？列举两个事例。

太安二年（303），江东发生了一次动乱，江东大族联合起来，共同组建军队，成功地平定了此次动乱。[①]

光熙元年（306），也就是八王大混战最为激烈的时候，江东大族密谋摆脱西晋，重新恢复孙吴时代的局面，拥立了一个被朝廷派驻到江东的官员。岂料此公得势之后过河拆桥，居然拿支持者开刀。江东士族不但美梦落空，而且面临着被反噬的危险，于是他们转而打出为朝廷剿灭反贼的旗号，一哄而上，用时不久就让忘恩负义者死无葬身之地。

这两件事都发生在"小王马"南下之前，它们不仅展现了江东大族的实力，也反映了他们的政治意图——你们在别的地方想怎么打就怎么打，但是，休想来江东折腾！

5

永嘉元年（307），当"小王马"来到建业的时候，

[①] 这里所说的动乱，即张昌发动的晋末流民起义。这次起义的风潮很大，几乎波及整个长江中下游地区。

八王之乱已经落下帷幕，司马越正和北方少数民族打得难解难分。在局势不明朗的时候，对于从北方来的"小王马"，江东大族采取的是观望态度——不主动，不拒绝，不合作。

《晋书》里有一个流传很广的故事，大意是说刚到江东的司马睿得不到当地门阀大族的支持，于是王导精心策划了一个盛大的出行仪式，请堂兄王敦出场助威。江东大族以为司马睿来头不小，于是争先恐后地前来归附。

这个故事漏洞不少，可信度很低，一些历史学家作过考证，这里就不啰唆了。[①] 故事虽然不可靠，但是它反映的人物关系是真实的。也就是说，司马睿能够在江东立足，幕后策划者是王导，出头压场的是王敦。

根据时间推算，这个故事发生于永嘉二年（308），而事实上，王敦被"大王马"派遣到建业的时间是永嘉三年（309）。此时的王导并没有什么名气，王敦却已经名声在外，在北方的军界更是声威赫赫。正是在他到来之后，司马睿才渐渐打开江东的局面，并具备了在江东立足的基本条件。

---

① 为什么说《晋书》中所说的那个流传很广的故事是假的，详见《魏晋南北朝隋唐史资料·第十八辑》之"王敦三考——读《晋书》札记之一"，以及《东晋门阀政治》第一章"释'王与马共天下'"。

首先，司马睿是宗室藩王，南下江东是受朝廷派遣。如果江东大族拥护别人，那就是谋反、闹分裂；但如果拥护的是他，那么就是名正言顺的。

其次，司马睿力量微弱，需要江东大族的支持才能立足，对江东大族构不成什么威胁。这种时候，实力微弱反而成了他能在江东立足的有利条件。

再次，"大王马"的战略重心在北方，客观上有利于"小王马"在江东独立发展。

最后一个有利条件就是王敦的鼎力相助。[①]

说到这里，我们也就明白了为什么东晋时代的皇权一直萎靡不振。司马睿站在江东大族的屋檐下，又得看王敦的脸色，面临两重压力，皇权不沦落反而是怪事。

从王敦南下（309）到永嘉之乱爆发（311）的这两年里，经由王导的谋划和王敦的支持，司马睿在江东站得越来越稳。永嘉四年（310），一个大族发动叛乱，拥立孙权的后人为吴王，意图重回孙吴时代，声势闹得很大，连王敦都无力制约。可是叛乱者对形势的估计不足，

①　大体来说，王敦帮助司马睿立足江东的过程分为两个大环节：第一个大环节，是对江东本土士族进行分化，消灭江东的武力大宗；第二个大环节，是抢占长江中上游诸州，在地理条件上对江东士族构成威压之势。

没有意识到今时不同往日，司马睿早就不再是孤立无援的光杆王。结果可想而知：江东门阀再次一哄而上，合力攻杀了害群之马。[①]

公元311年，永嘉之乱爆发，西晋王朝名存实亡，汉人政权面临着前所未有的冷酷考验。在"小王马"的经营下，这时候东晋政权的雏形已成，客观上为"衣冠南渡"作好了铺垫；同时，尽管南北矛盾依然存在，但是在外敌临江、山河变色的危急关头，南北双方也暂时捐弃前嫌，为汉人政权的南移奠定了有利的基础。

不过，那是另外一个历史阶段里的故事了。

---

① 此次动乱，即钱璯之乱。

下篇 ……

人物画像——

兴亡谁人定

短　序

封建社会两千多年，算得上大一统王朝的，其实就那么几个——秦、汉、西晋、隋、唐、元、明、清。其中，最没有大一统王朝气象的就是西晋，甚至有很多人根本不知道它也是个大一统王朝。

这倒不是因为它的存在时间太短，如果是因为这一点，短命的秦、隋，为何历史存在感那么强呢？

西晋的历史存在感那么弱，主要是因为它的气质太猥琐——登场鬼鬼祟祟，演出贻笑大方，退场一片狼藉。

从统一天下到彻底崩溃，这个大一统王朝只存活了三十多年，去掉十六年此起彼伏的内乱，以及紧随内乱而来的外部危机，它有效统治中国古代的时间，其实只有十多年。而且在这十多年里，无论疆域政治建设，还是制度文化建设，它都乏善可陈，历史贡献不值一提。

简单说，西晋的历史存在感那么弱，是因为它太孱弱，缺乏让人印象深刻的亮点。如果非得说它有什么让人印象深刻的地方，那就是它一手导演了狂暴的八王之乱，给中古时代的中国带来了前所未有的灾难。

发生八王之乱的原因是什么呢？

在上篇开头我说过，那是因为西晋王朝的国家设计有问题——司马炎开历史倒车，恢复了早就被扫进历史垃圾堆的分封制。不过坦白地说，那是一个"投机取巧"的结论，必须把历史节点卡在西晋王朝的时间段里，这个结论才是成立的。

因为司马炎作这个决定并不是头脑一时发热，而是当时的历史环境让他必须那样做。或者说，作为士族当中的一个个体，他必须采用分封制压制司马氏之外的其他士族，才能保住自己的皇位。

那么，士族又是怎么形成的？这必须上溯到东汉。为什么士族会出现在东汉呢？这又必须上溯到西汉……一环一环往上推的话，这些问题必须通过长篇大论才能说明白。所以说，将发生八王之乱的原因归结为西晋的国家设计有问题，是一个"投机取巧"的结论，它的背后是许多历史残留问题的堆积；而司马炎恢复的分封制，只是让这些问题有了一个宣泄的口子。

从这个角度来说，八王之乱是历史规律的一种表现，带有一定的必然性，这也是我把上篇命名为"事件手书——盛衰岂无凭"的主要原因。

然而，"有一定的必然性"只是一种概率，并不代表必然会发生，在历史规律之外，还有人的主观能动性。如果西晋王朝上层的治国之术足够高明，八王之乱的悲剧并非完全不能避免；但是很可惜，西晋上层的表现，实在令人不敢恭维。

这里所说的上层，也就是下文将要谈到的司马炎、贾南风、贾充、王衍等人，他们当中谁应该为西晋王朝的崩溃负主要责任呢？我的看法是：西晋的崩溃是他们集体促成的，他们都有责任，无所谓主要次要，就连刘琨、祖逖，也不见得就那么清白。

这也是将下篇命名为"人物画像——兴亡谁人定"的原因。

小眼薄皮的开国之君

司马炎

西晋某个开国元勋曾经这样评价司马炎："我每次见陛下，他从来不说经国方略，总是说家长里短。"

粗看起来，这句话似乎是在夸司马炎有亲和力，不过我觉得，这句话里满满都是嘲讽意味。它的意思是，司马炎小眼薄皮，太小家子气，达不到作为君主该有的认知高度。

1

西晋王朝的第一代创业人是司马懿，第二代创业人是司马师、司马昭兄弟。

如果司马师活得久，有自己的儿子，那么，西晋的天下就是司马师这一支的。但司马师短命，也没有亲生儿子，唯一的养子司马攸，还是司马昭过继给他的。

司马昭有九个儿子，长子司马炎，次子司马攸。

魏晋易代之际，改朝换代的骨干力量是司马师一手带出来的。司马师死后，其魏大将军一职传了司马昭。

司马昭称晋王后的头几年，常说天下是司马师打下来的，自己只是代管，晋王的爵位迟早要传给桃符（司马攸的小名）。

他这样说，可能是对英年早逝的兄长心怀感恩之意，也可能是为了给兄长的老部下一个交代。但不管怎么说吧，临终时他没有兑现诺言，而是把爵位传给了司马炎。

司马昭做了十年晋王，这十年里，司马炎过得很不愉快。这种情感主要来源于外界的舆论压力——人们时常把他和亲弟弟司马攸放在一起作比较，许多人认为他的资质远远不如司马攸，不能继承晋王的爵位。

司马攸和司马炎背后都有一帮摇旗呐喊的吹鼓手。司马攸这一边的人往往会说司马攸多么聪明，多么孝敬，多么有能力；而司马炎那一边的人在这场旷日持久的舆论战中则有些狼狈，就连主子的头发长得好，也被勉强当成了一种优点。

人的性格大多是形成于青少年时代，司马炎也不例外，早年间活在司马攸阴影下的那段经历，如同一个漫长的噩梦。

继承晋王爵位的第二年，司马炎迫使曹魏末代皇帝禅位，建立了晋朝。至此，他开始从阴影里走出来。出于成功者特有的得意和怜悯，他赐予了司马攸一些具有施舍意味的善意。

尽管司马攸对自己的境遇相当不满，但作为权力斗争中的失意人，他也只能以感恩戴德的姿态回应陛下的"恩宠"。于是，二人粉墨登场，一唱一和，上演了一出出兄友弟恭的戏份——

比如，每次举办朝会，司马攸认真进谏，司马炎认真倾听。

比如，司马炎允许藩王在封国里自主任命官吏，齐王司马攸则表示，齐国的官吏应该由朝廷任命。

比如，司马炎要赐给司马攸一笔丰厚的财物，司马攸则表示自己的钱财够用，多谢陛下的好意。

尽管有时候也会发生一些令人不愉快的小插曲（比如有一次司马炎想削弱司马攸的兵力，将士们竟然集体抗议，不愿意离开齐王），但大体上来说，兄弟之间的关系在明面上还算过得去。

2

咸宁元年（275），洛阳城发生了一场来势汹汹的大瘟疫，死者十之六七。尽管宫廷里的医疗条件相对好很多，但司马炎还是很不幸地做了被瘟神选中的子民。

疾病来得突然而猛烈，司马炎连走动的力气都没有，大多数时间里都是僵卧病榻，以一些据说具有奇效的草本植物为武器，默默地与病魔进行殊死搏斗。

陛下的病情一连三四个月不见起色，宫廷里很快就生出了许多令人不安的议论。很多人认为，陛下的病情太重，肯定活不成了。更让大家惶恐的是，太子司马衷的智力存在一定程度的缺陷，如果陛下突然撒手人寰，太子肯定撑不起这么大的江山。

司马衷被册封为太子的时候还是个孩子，那时候看不出他有什么问题。他的智力缺陷是后来才被人们渐渐注意到的。这个问题虽然令人惊恐，但司马炎正当春秋鼎盛之年，它还不至于十分迫切。

然而，因为这场瘟疫，并不是那么迫切的问题一下子迫在眉睫了。

晋朝的江山是司马师打下来的，皇帝的位子本来就属于司马师这一支，如今物归原主，把帝位传给司马攸，难道不是理所当然的吗？

在司马炎养病的宫殿外，几个重臣经过多次秘密协商，基本达成了一个共识——为社稷安危着想，一旦陛下龙驭宾天，就废黜太子司马衷，迎立齐王司马攸继位。

谁也没料到，咸宁二年春夏之交，司马炎奇迹般地活了下来，并且很快就知道了自己病重期间发生过什么。

以传统而又迂腐的忠奸观作为衡量标准的话，可以说大臣们目无君上，对司马炎很不忠诚。但如果把眼界放宽一些，那么就会发现这些人的做法没有什么问题，因为他们效忠的对象是比君主更重要的东西——家国、天下。然而，司马炎是个小眼薄皮的人，眼里只有皇位，在他看来，没有什么东西比皇位更重要。

司马炎本以为册封太子之后，司马攸就应该死心了，谁能想到他还有这么大的政治能量呢？

对皇帝不忠的人，陆续遭到了形形色色的政治打击。针对司马攸本人，司马炎更是作了一番"独具匠心"的处理——将司马攸和另外几位开国元勋的名字一起放到了宗庙里受祭。

位列宗庙，与帝王共享后人的香火祭祀，是一种规格极高的待遇。通常情况下，只有开国元勋才能享此殊荣。显然，司马攸并没有这么大的功劳，根本没有配飨的资格。

司马炎这样安排的用意是什么呢？他的意思是，司马攸你活着的时候是我的臣，死了还是我的臣，想做皇帝？你死心吧，生生世世都别想。

3

虽然司马炎的身份是开国之君，但一个有目共睹的事实是：之前的两代人栽树、松土、施肥，他只是伸伸手，就摘下了熟透的桃子。对于西晋王朝的建立，他除了主持一个禅让仪式，并没有什么实质性的功绩。

以灭吴为分界线，历史学家一般把司马炎的执政年限分为两个阶段。

据史书描述，在执政的第一阶段，司马炎清心寡欲，与民生息，励精图治，颇有无为而治的明君做派。但这种经过修饰的表象下，掩盖的是司马炎无力和虚弱的实质。因为他朝廷里的大臣大部分都是司马师遗留的旧班底，权力划分的基本格局已经形成，不允许他有太大的活动空间。这也是在他病危的那几个月里，大臣们敢把他撂在一边，一起商议另立新君的重要原因之一。

这场突如其来的疾病如同一簇火苗，在龟壳上熏烤出了一条条裂痕，司马炎则如同一个巫师，透过裂痕解读出了一些令人感到恐惧的征兆。因此，病愈之后，重回朝堂的他培植了一股新的政治势力，即以岳父杨骏为首的外戚。

外戚、异姓大臣、宗室之间的争端，是困扰许多王朝的痼疾，汉朝的衰亡就跟外戚干政有直接关系。鉴于惨痛的历史教训，曹氏当权时，一般都是从背景很弱的小门小户中择立皇后，几乎是从源头上断绝了这股恐怖的政治势力介入政坛的可能。西晋也延续了这个传统，也就是说，在司马炎的朝堂上，本来只有宗室和异姓大臣这两股势力。[①]

---

① 关于曹魏打压外戚，以及西晋初年的政治格局，详见仇鹿鸣《魏晋之际的政治权力与家族网络》第四章第一节"咸宁二年：不起眼的转折之年"。

一旦引入外戚，朝堂上的权力斗争无疑会更加复杂、更加激烈。关于这一点，司马炎比任何人都清楚，但为了巩固皇位，他顾不上那么多了。

西晋官场讲究门阀背景和个人名望。弘农杨氏在汉代门庭显赫，但传到杨骏手里，他这一支已经成了破落户，算不上什么名门望族；而且，杨骏本人的名声也很差劲。因此，司马炎企图将绝迹一个多世纪的外戚势力引入朝堂的决议，遭到了大臣们的一致反对。奈何司马炎固执己见，宁可让朝廷乱起来，也不允许皇位落到别人手里。

杨骏是个庸人，他的兄弟们却是运作权谋的好手，在他们的策划或参与下，齐王司马攸的支持者遭到了前所未有的沉重打击。而在异姓大臣和宗室这两股势力中，又以宗室遭到的打击最为致命。

西晋开国初年分封了二十七个王，当时司马炎的孩子们都还小，所以二十七个王全都是他的长辈或者平辈。这些王有自己的地盘、兵权、财权、人事任免权，对皇权的威胁最大，如果他们支持齐王，那么齐王翻盘的概率就会大一些。外姓大臣对皇权固然也有威胁，但他们毕竟不姓司马，是外人，威胁相对而言小很多。

在弘农杨氏的运作和皇帝的鼎力支持下，势头猛烈而又沉默无声的"削藩"行动开始了。晋廷确立了非皇子不得封王的原则，牢固地把"王"这个尊贵的爵位锁死在了帝王直系血亲的链条上。二十七个王还保留着原先的爵位，但他们手中最为重要的军权受到了严格的限制。此外，晋廷还采用类似推恩令的方式，在世代传承的过程中逐渐削减这些王的其他权力。①

项庄舞剑，意在沛公。明眼人都能看出来，"削藩"行动真正打击的对象是齐王。

皇帝是英明的、仁爱的，永远不会犯错，如果施政轨道有偏差，那一定是奸佞小人从中作梗。很快，弘农杨氏成了众矢之的，有人扬言要杀死杨家人以泄心头之恨，甚至采取了一些实际行动。

为了留下一些转圜的余地，杨骏的兄弟们纷纷辞官请退，并请杨骏也见好就收，奈何杨骏已经尝到了扶摇直上的甜头，站在青云上怎么也不肯下来。

4

司马炎谥号武帝，一般而言，武功显赫的皇帝才配得上这个谥号。

---

① 详见仇鹿鸣《魏晋之际的政治权力与家族网络》第四章第二节"齐王攸问题的再检讨"。

咸宁二年（276）初冬，平南将军羊祜忽然接到了一份诏书。

在这份诏书中，司马炎将他的军衔提升为征南大将军，以前所未有的态度表达了对灭吴战争的关注和支持，敦促他早作准备，尽快消灭与晋隔江对峙的孙吴政权。

时年五十六岁的羊祜是个作战经验丰富的将军，也是晋国的名将。他镇守荆州已近十年，虽然早有灭吴的意愿，但考虑到发动一场灭国之战需要耗费整个国家的力量，而且皇帝本人似乎对灭吴并不热心，所以在过去的许多年里，他一直没有主动奏请伐吴。两国发生边境摩擦时，挑起事端的也往往是吴人，而他所做的也往往是采取守势，尽量不激化冲突，以免局部战争演变为全面战争。[①]

接到这份诏书，羊祜十分惊喜，因为灭吴是他毕生所愿。但同时他也感到意外，不明白京城发生了什么，不明白一向对灭吴之战漠不关心的陛下，为什么会突然产生如此强烈的作战意愿。

司马炎的转变，依然与那场疾病有关。大臣们在他

---

① 详见仇鹿鸣《魏晋之际的政治权力与家族网络》第四章第二节"齐王攸问题的再检讨"。

132

病危期间的暗箱操作，严重损害了他作为一个君主的尊严。尽管他在病愈后采取了一些回击措施，但那远远不够。他要把对手彻底击倒，而彻底击倒对手的方式，就是发动一场规模空前的战争，利用人事任免权扶持自己的心腹，将齐王的支持者排挤出权力中心。

等待司马炎的，又是一场激烈的争论。

为了表明自己并无私心，灭吴纯粹是为国家统一着想，司马炎对反对者好言安抚，客客气气，并且开了一些可能具有讽刺意味的玩笑——安排反战态度最为激烈的人到军中担任荣誉性的职务。同时，为了让耳畔清净一些，他尽量避免在公开场合谈论南征战事，往往只是私下里与少得可怜的几个支持者一同商议灭吴大计。

游手好闲的纨绔习惯了吃白食，很少真正去关心家业的运转。在这一点上，司马炎与纨绔的区别不大，虽然灭吴态度很坚定，但他对战争所需之准备毫无了解，甚至就连需要造多少艘战舰、征调多少兵力，他也是一头雾水。幸好他的支持者们都是当时罕见的干才，在这些人精心、大胆而隐秘的运作下，南征之战的准备工作进行得迅速而有条理。高大坚固的战舰列队江上，训练有素的士兵摩拳擦掌，就等着皇帝本人一声令下了。

咸宁五年（279）十一月，南征之战正式启动，晋军顺流而下，势如破竹，用时四个多月就消灭了盘踞江东数十年的孙吴政权。在石头城上那一面面降幡迎风飞扬的时候，汉末三国以来的分裂局面落下帷幕。从此，司马炎可以挺起腰杆做人，眉飞色舞地对朝堂上那些倚老卖老的大臣说，朕不是吃白食的，朕也有开疆拓土之功。

司马炎配得上武帝的谥号，因为他终结了一个战乱的时代，建立了一个大一统王朝；但他也配不上这个谥号，因为他没有远大的志向，小眼薄皮，结束分裂的局面只是为了稳固皇位。

可能有人会说，动机不重要，结果才是最重要的。但是我们需要知道一个事实——动机会影响到对结果的利用。比如说：有的人做慈善，单纯是为了帮人；而有的人做慈善，却是为了博名、洗白。

5

通过南征之战，皇权得以扩张，司马炎摆脱了无为之君的形象，扶植了一些得力帮手。

皇帝对灭吴的成就十分满意，大臣们也不失时机地表达了对陛下的恭维。有些人还主张举办一次隆重的封禅仪式，由皇天后土来嘉奖陛下的统一之功。

在千篇一律又悦耳动听的歌颂中，司马炎的虚荣心得到了极大的满足。他觉得火候差不多了，是时候向齐王集团发起最后一击了。于是，在太康三年（282）的深冬，他抛出了压倒骆驼的最后一根稻草——命令齐王司马攸离开京城，回到自己的封国。

然而，事态的发展远远超出了司马炎的预料。不但齐王的支持者们极力反抗，就连在灭吴之战中被司马炎一手提拔起来的新贵当中，也有不少人站到了皇帝的对立面，为齐王摇旗呐喊。

在议政大殿里，司马炎被吵得心浮气躁；有些王公贵戚穷追不舍，把妻子派到了宫里哭谏，即使下了朝，司马炎也不得安生。弘农杨氏倒是还站在皇帝背后擂鼓助威，但是与甚嚣尘上的反对声相比，他们的声音太微弱了。

司马炎心里的声音也不断在响：当年我还是个孩子的时候，你们觉得我不如齐王；我做了皇帝，你们巴不得我早死，好让齐王继位；我消灭江东孙氏，一统河山，你们还是为齐王鼓吹。难道我就这么不堪吗？

吵吵闹闹这么多年，司马炎终于失去了与敌人虚与委蛇的耐心，倚仗着由南征之战而有所拓展的皇权，这一次他不再让步，不再退缩。在一次私下谈话中，他气愤地说："这是我的家事，哪里轮得着外人指手画脚呢！"

这句话，应该就是司马炎对自己小眼薄皮的面目所作的最形象的自画像了。那个时代的国事就是帝王的家事，怎么对待齐王确实是司马炎的家事；但他的家不是普通人的家，而是以国为家的家。

然而，令人啼笑皆非的是，他把帝王的家事与国事等量齐观，以家长里短的思维去考虑层次更高的问题。

朝堂上的政治浪潮翻腾不息时，齐王司马攸并没有遵诏回封国，而是一直留在京城。虽然他始终未置一词，但抗诏不遵的这种姿态，显然说明他还抱有某种程度的希望——希望自己的支持者能够成功迫使司马炎让步。可他终究是失望了，司马炎的战斗姿态十分坚定，寸步不让。

太康四年（283），眼看逆转局势无望，司马攸一病不起，吐血而亡。这桩牵动晋廷将近十年的立储之争就这样突然结束了。

在半路杀出来的死神的协助下，司马炎胜利了，但胜利的代价太惨重了。当这场轰轰烈烈的大纷争落下帷幕时，很多大臣已经跟他离心离德，为了把皇位传给智力有缺陷的儿子，他伤了太多人的心。

6

随着立储之争的结束，司马炎彻底暴露了鼠目寸光的嘴脸，从此自认为高枕无忧的他，生活里只剩下了纸醉金迷、醇酒美女。

对朝廷几乎没有什么向心力的江东士族怎么安抚？迁入内地的少数民族怎么处置？豪门大族蚕食公权的问题怎么解决？阻碍社会阶层流动的渠道怎么打通？……这些问题他统统不关心。他最为热衷的，是乘坐羊车巡视人满为患的后宫，精心挑选侍寝目标。

过了七年，又是一场疾病汹涌而来。这一次没有奇迹发生，司马炎真的要死了。在人生中的最后几个月里，他才忽然想起自己的身份是皇帝，而非花街柳巷的寻欢客。

太子司马衷的智力有缺陷是个不争的事实，但命运之神就像开玩笑一般，赐给了他一个聪明伶俐的儿子，即皇孙司马遹。可惜司马遹还太小，需要再过几年才能到加冠的年纪。

司马炎站在万丈沟壑的这一边，他极为看重的小皇孙司马遹在另一边，而架通沟壑的司马衷则是一座令人心惊胆战的独木桥。

在走向鬼门关之前，司马炎绞尽脑汁，机关算尽，设计了一套自以为万无一失的方案，以实现皇权的平稳过渡。

几年前，为了打击齐王，他推行过削藩政策，而今他又掉过头来推行强藩政策，册封儿子们为镇守天下要地的藩王。而且分封手笔之大，前所未有。

按照惯例，食邑两万户的王国就是大国；但这次分封，他封给儿子们的食邑普遍以五万户起步，成都王司马颖的食邑更是达到了十万户之巨。

除了分封诸子镇守天下要地，司马炎所做的另外一个重大举措，是任命叔父司马亮和岳父杨骏为辅政大臣。

司马亮是宗室元老，杨骏是外戚之首，这两股势力都需要紧紧攀附皇权才能立足，但也绝没有好到不分彼此的可能。因此，司马炎重用叔父和岳父，其实是对帝王平衡权术的一种运用。他知道司马亮和杨骏都是平庸无能之辈，但这恰恰是他看中他们的原因。在他看来，平庸无能的人做什么都是按部就班，得过且过，不会对皇位有什么非分之想。

宫墙外的大世界，有位高权重的诸子镇守；而宫墙内的小世界，有两个老糊涂互相支撑、互相牵制。只要内外平安，等小皇孙长大，不就可以顺顺利利地接手皇位了吗？

太熙元年（290）初夏，司马炎驾崩。就在他走向鬼门关当夜，他那自以为万无一失的身后安排就出问题了。

先是杨骏弄权，吓走了司马亮，企图独揽朝政。接着是楚王入京，发动政变，诛杀外戚。跟着是贾南风弄权，杀死太子，令朝廷权威扫地。随后，各路藩王在豪门大族的支持下拥兵入京，地方失序。等到朝廷和地方的秩序完全失控，内迁的少数民族势力趁机崛起。再然后，就是西晋的崩溃和长达数百年的南北分裂。

一切灾难的发生犹如多米诺骨牌的连锁反应，在司马炎死去的那一夜，他的家、他的国就完蛋了。我们也可以说，在他还活着的时候，他的家、他的国就已经完蛋了。

司马炎这一辈子做了什么呢？似乎也不少。但他所做的一切，都是为了保住皇位。他真的是一个小眼薄皮的人，眼里除了皇位，再也看不到别的东西。

面纱下的妖后
贾南风

在西晋王朝的历史上，贾南风扮演的是奸人的角色，她淫荡、无耻、善妒、残忍、暴虐。不仅如此，史官还很贴心地给我们勾画出了她的形象——一个可以称得上丑陋的女子。她身材矮小，肤色青黑，眉间还有一块形状怪异的胎记。

有意思的是，史官在再三强调她有多么让人讨厌的同时，又说在她当政的那十年里，社会总体运行状况良好，社会环境也比较安定。

描述贾南风的私德和相貌时，史官不吝笔墨，似乎想把所有的坏处都安放到她头上；记录她的功绩时，史官却惜墨如金，一笔带过，好像不愿意承认她的优点。

贾南风是个政治人物。在评价政治人物的时候，一个常识是：他们的私德怎么样其实并不重要，即使他们私下里道德败坏，男盗女娼，只要他们对稳定社会秩序、推动社会发展有功，我们就可以说他们是不错的政治家；反过来说，如果他们私下里是道德完人，谦虚敦厚，温文尔雅，但他们在公共事务上一无是处，那对不起，我们只能说他们的完美私德一文不值。所以，显而易见，史官对贾南风的记载和评判是有问题的。

真实的贾南风是什么样的呢？

她的相貌究竟怎么样，永远不会有人知道了。这个问题也不重要，因为它对我们评价她的所作所为并没有什么影响。所以，我们就撇开相貌，来谈谈戴着面纱的贾南风吧。

1

贾南风祖籍平阳襄陵，即今天的山西省襄汾县。襄汾县离武则天的祖籍文水县不远，说起来她们也算是半个老乡。

作为贾充和郭槐[①]的女儿，贾南风继承了父母性格中最有特点的部分——贾充的权变和郭槐的跋扈。可惜她继承得不彻底，没有学到贾充的耐力和郭槐的政治眼光。

魏晋南北朝年间的女人可以在许多场合抛头露面，不必像后世的女人那样，大门不出，二门不迈，天天把自己关在家里装淑女。

在我的想象中，少女时代的贾南风是个不安分的人，郭槐和贾充应该也没少为这个不听话的女儿伤脑筋。

十五岁时，贾南风嫁到宫里，做了司马衷的太子妃。按照《晋书》的记载，贾南风入宫的过程大致如下——

晋武帝打算任命贾充为主帅，率军前往西北地区平

---

① 贾充的第二任妻子。

定一场动乱。贾充不愿意远离中枢，唯恐权势旁落，于是想到了和皇家攀亲的好主意。但他的女儿长得太丑，晋武帝司马炎犹豫不决。看到皇帝的态度，贾充两口子着急了，赶快使用"金元外交"，给皇后送了一份大礼。皇后收了贿赂，吹了一阵枕边风，于是司马炎决定聘贾家女儿为太子妃。

这个故事虽出现在严肃的史学记录里，但它像大爷大妈坐在炕头唠嗑，拉家常，把它放到民间故事里想必也不奇怪。[①]

时隔一千七百多年，通过《晋书》编纂者记录的各种细节，我们依然可以感觉到贾充、郭槐夫妇那种难以平复的焦虑——担心丑女儿嫁不出去，如同手里握着一堆不断贬值的股票，迫不及待地想抛售。

这个故事讲晋武帝被贾家女儿的丑陋相貌搞得犹豫不决、贾充夫妇的"金元外交"、皇后的枕边风，其中有几分真、几分假，很难说，但它的背景是真的。

贾南风十五岁那一年，西北地区确实发生了一场大动乱，晋武帝也确实在这一年下诏为太子选妃，并任命

---

① 贾家与朝廷联姻迷雾重重，背后牵涉的政治势力很复杂，这里只是一种简述。更为详细的解说，可以参考仇鹿鸣《魏晋之际的政治权力与家族网络》第三章第四节"受成之主：泰始年间的政治特质"。

贾充为主帅，率军开赴西北平乱。

除此之外，这个故事的背景里还有什么呢？

当时，太子智力有缺陷的问题露出了苗头，朝堂里出现了更换皇储的声音，有的人主张立齐王为皇位继承人，晋武帝急需有分量的老臣出面给司马衷站台。有分量的老臣之中，向来善于迎合上意的贾充是个很不错的选择，但贾充是齐王的岳父[①]。

把背景里的东西勾连起来，我们就差不多能看到事情的真相了——

晋武帝命令贾充率军开赴西北平乱，其实是为了逼迫他表忠心；下诏选太子妃则是为了进行利益捆绑，给他一个台阶下，暗示他把女儿嫁给太子。所以，在贾南风入宫的过程中，真正着急的人是急于巩固太子地位的武帝，贾充的姿态应该是稳坐钓鱼台，待价而沽，犯不上卖了女儿还贴钱。

宫墙外的芸芸众生对司马衷的智力所知甚少，而贾充时常出入宫廷，对其中的情况却是了如指掌。作为贾充的女儿，贾南风当然能知道自己将要嫁给一个什么样的人。

[①] 贾充与前妻李婉的女儿是齐王的妃子。

只是我们不知道，在嫁入皇宫之前，她的心情是什么样的。是心情沉重，对父母心怀怨气？还是为即将到来的权势和荣华而心潮澎湃？

2

入宫不久，贾南风得到了一次展示才能的机会。

某次，为了证明太子的智力并不像别人所说的那么差，武帝派人给东宫送来了一道考题，让司马衷写文章作答。贾南风有些惊慌，急忙召人商议怎么应对此事。

用时不久，有人就写好了一篇漂亮文章，引经据典，但问题在于，这有弄巧成拙的嫌疑。明眼人一看，就知道这不是司马衷的手笔，因为他的智力水平写不出这样的东西。

经过一个聪明人的提醒，贾南风察觉到了问题所在，于是她当机立断，命人写了一篇贴近司马衷智力水平的文章——答到了关键上，但行文可能有点粗疏——然后让司马衷照抄一遍。

文章送到武帝手里，武帝十分满意。

幕后发生过什么，武帝不可能不去关心，可以想象得到，当他知道内情后，应该会对贾南风产生不错的印象。然而，在给他留下好感的同时，贾南风也让武帝这个公公颇为苦恼。

贾南风没有儿子，所以对大肚子的女人特别敏感。在她的指使下，后宫怀有龙种的女人接二连三地遭到了不人道的报复。某次，她用长戟刺破了一个姜室的小腹，致使胎儿流产。武帝怒不可遏，下令废黜她的太子妃之位。

当时贾、杨两家的关系还不错，事发之后，两家人赶快出面斡旋，皇后杨芷更是使尽浑身解数为贾南风求情。等到怒气消散，头脑冷静下来，武帝想到了这件事所牵涉的政治利害关系，也就顺水推舟，借坡下驴，不再提废黜太子妃这一回事了。

如果把复杂的权力斗争庸俗化，从家长里短的角度看问题，我们还可以对武帝回心转意的心理动因作出另外一种解释——我的儿子是个软蛋、尿包，需要一个能扛事的媳妇当顶梁柱；贾南风虽说跋扈凶妒，但让她来支撑门户不是正好合适吗？

3

如此过了几年，有一天，司马衷去觐见父皇，武帝指着身边的一个小孩儿对他说，这是你的儿子。

我怎么会突然冒出来一个儿子呢？司马衷抬起头，看着这个陌生的小孩儿，一脸茫然。

这个孩子叫司马遹，是武帝唯一的孙子。

关于司马遹的来历，《晋书》的说法是，在司马衷纳妃前夕，武帝担心儿子太愚钝，不懂男女之事，于是派了一个叫谢玖的宫女到东宫侍寝。十个月后，谢玖生下了司马遹。由于担心皇孙遭到贾南风的陷害，武帝严密封锁消息，一直把皇孙带在自己身边抚养，三四岁时才让他与司马衷相认。

这个故事的漏洞太大了，合情但不合理。

司马衷纳妃的时间是 272 年初春，如果谢玖是在他纳妃前夕去东宫侍寝，司马遹的出生时间就应该是 272 年；但事实上，他生于 278 年 ①。这时候贾南风已经入宫六年了，还生下了几个女儿，武帝何至于担心太子不懂男女之事呢？

去掉不可信的部分，我们就会发现，这个故事其实只透露了两个关键信息：第一，司马遹的生母是谢玖；第二，司马遹三四岁的时候才见到司马衷。

司马遹三四岁的时候发生了什么呢？

首先，齐王集团遭到沉重打击，分崩离析在即；其次，贾充去世。

---

① 据《晋书》记载，永康元年（300），"（孙）虑乃逼太子以药，太子不肯服，因如厕，虑以药杵椎杀之，太子大呼，声闻于外。时年二十三"。由此反推，司马遹生于 278 年。

也就是说，武帝已经用不着像从前那样倚重贾家了；或者说，他觉得司马通安全了，可以出来见人了，不用再像从前那样，担心贾南风仗着家世背景做出什么过火的愚行。

对于突然出现的司马通，贾南风的心情肯定很恼火；但经过上次的政治风波，她学精明了许多，把这口气憋在了肚子里。

4

太熙元年（290）四月，晋武帝司马炎驾崩。三十四岁的贾南风摇身一变，从太子妃变成了皇后。

武帝驾崩当夜，宫中就发生了杨骏篡改遗诏的闹剧。以此为契机，躲在幕后的贾南风把触手伸到了男人们唱主角的政治舞台上，策划了一出螳螂捕蝉，黄雀在后的精妙杀敌阵法：诱使楚王杀死杨骏、司马亮、卫瓘，继而给楚王泼了一盆脏水，以矫诏的罪名把他送上了断头台。

这几步棋走得很漂亮，环环相扣，行云流水，也令人不寒而栗。

贾南风展现了自己的头脑和手段，也展现了自己的冷酷和残忍。她只是在幕后动了动嘴，写了几份诏书，以杨骏为首的外戚、以司马亮为首的藩王，以及以卫瓘为首的外姓大臣，就被打得溃不成军。

不过，这并不是贾南风最厉害的地方，她政治生涯中最光彩的一笔功绩，是给西晋带来了将近十年的和平。

与政敌 ① 斗争时，贾南风面目凶狠而阴毒，几乎到了睚眦必报的地步。关于这一点，从她对太后杨芷的态度中可见一斑。

武帝当年下令废黜贾南风的太子妃之位时，杨芷为了保住贾南风的位子没少出力，还训诫贾南风不要逾越规矩；可贾南风没有记住她的好，唯独记住了她那不中听的训斥。杨家垮台后，她把杨芷打入冷宫，生生虐待至死。

然而，处理直接关系到大局的问题时，贾南风的面目却是比较开明的女王。她懂得适可而止的道理，将血腥的政治斗争限制在宫墙内部，没有波及宫墙外的世界。楚王被杀后，她及时收手，让朝廷的运行回到了正常轨道。

她的长处是善于用人，某种程度上可以做到外举不避仇，内举不避亲。

比如贾模。贾模还是个青年的时候，就以富有才干

---

① 杨芷与贾南风有过合作蜜月期，但随着杨、贾两家势力的消长，她们最终变成了敌对关系。详见权家玉《晋武帝立嗣背景下的贾充》。

而闻名。尽管他有缺点——爱财、急躁、小心眼，但被贾南风提拔到权力核心圈中之后，他对政务一直尽心尽力；有时候还表现得相当耿介，贾南风做得不够好的时候，他总是直言不讳。

再比如张华。张华曾经是贾充的强劲政敌，而且因为在立储之争中站到了齐王的阵营里而遭到过武帝的政治打压。支持齐王，就等于反对司马衷，从这个意义上来说，张华和贾南风也是有仇隙的。但贾南风上台之后对张华礼敬有加，让人觉得他们的关系与其说是君臣，不如说是忘年交。

与武帝在位期间长年累月的党同伐异之争相比，贾南风执政期间，外戚、藩王、外姓大臣之间的关系比较融洽，大体上能做到各就其位，各安其事。

因为用人得当，中枢稳定，社会的总体运转比较有序，厌恶贾南风的史官也不得不承认，她执政的那段岁月是西晋历史上为数不多的好时光。

5

越是稀有的东西，就越不愿意与别人分享，至高无上的权力尤其如此。

光阴荏苒，太子司马遹渐渐从一个孩子变成了少年，又从少年变成了青年。尽管早就到了参政的年纪，但贾南风一直没有给他染指权力的机会。

小时了了，大未必佳。司马遹小时候聪明伶俐，可他长大以后转了性子，顽劣不堪，终日在东宫胡作非为。他特别喜欢扮作屠户，与太监和宫女玩经商的游戏，据说一块肉只要经他的手掂一掂，他就能准确地猜到这块肉有几斤几两。

这样的人做皇帝显然是不合格的，贾南风对此很清楚；但司马遹的劣迹恰恰是她想看到的，因为她早就萌生了废太子的念头，正愁没有把柄。

在这个念头的驱使下，她故意在东宫安插了一些奸佞，嗾使司马遹学坏，同时还派人在宫墙内外到处宣扬太子的种种恶行。

司马遹的支持者当中不乏聪明人，随着危险的临近，他们觉得不能再干等下去了，于是建议司马遹发动政变，废黜贾南风。

不知道是考虑到发动政变的风险太大，还是没有与贾南风对抗的勇气，司马遹最终否决了这个计划，但风声想必传到了贾南风的耳朵里。

不久之后的一天，贾南风诈称司马衷身体不适，传召司马遹面圣探疾。司马遹到场后，贾南风却不让他与司马衷相见，而是让他先去别室等待，并派遣一个叫陈舞的宫女送去美酒三升，让他全部喝光。

司马遹不从，说自己酒量没那么大。

陈舞说："酒是陛下赐给你的，你不喝岂不是不孝？难道你是怕酒里有毒吗？"

迫不得已，司马遹只好勉强饮下，以致酩酊大醉。

随后，贾南风指使心腹拟就一份草稿，派一个叫承福的宫女带去笔墨纸砚，命令司马遹把草稿照抄一遍，说这是司马衷的意思。司马遹神志不清，于是照办。

很快，司马衷与贾南风召集群臣，传示司马遹抄写的那份文稿，并下令将司马遹赐死。

文稿当中写道："陛下应该自我了断，不然，我就帮你了断；皇后也应该自我了断，不然我就帮你了断。"

从文稿看来，司马遹显然是要逼宫夺权。但群臣心里都有疑惑：这份文稿真的是司马遹的手笔吗？

面对这份文稿，绝大多数人选择了沉默，但这种沉默并非默认，而是无声的质疑和抗议。只有少数人敢把心里话说出来，表示不同意杀死司马遹，其中就包括张华。

贾南风见一时无法得逞，于是后退一步，奏请废黜司马遹为庶人。

元康九年（299）冬季，司马遹被废，幽禁于金墉城。

司马遹的支持者们不甘心就此失败，请赵王司马伦主持复仇行动，迎立太子复位。司马伦的幕僚们则顺水推舟，策划了一个无比歹毒的阴谋。

不久，贾南风听到了一个可怕的消息——司马遹的支持者们即将发动一场政变。为了断绝太子党的念想，贾南风派人害死了司马遹。

一夜之间，朝野上下舆论大哗。因为一着不慎，贾南风成为众矢之的。

永康元年（300）四月，司马伦发动政变，拘捕贾南风，迫使她服毒自尽。螳螂捕蝉，黄雀在后。贾南风当初以这种方式上位，最终又以这种方式下台。

精明的政客总是能最大程度地利用规则的漏洞而不突破底线，贾南风当初就是利用这一点，成功地攫取了西晋王朝的政权。她知道，最高权力只能独享，自己与太子是天然的敌人，矛盾迟早都会发生。

有没有什么办法能调解这种权力争端呢？郭槐曾经一再告诫女儿，要好好对待太子。但贾南风对权力的迷恋到了偏执的地步，始终把司马遹视为仇人。

更可怕的是，在权力斗争的末尾，她突破政治游戏规则的底线，杀了太子。然而，这还不是最可怕的，把她赶下台的司马伦更没有底线——事后居然废了司马衷，自己做了皇帝。

既然太子都能杀，还有什么人是不能杀的？既然你司马伦能做皇帝，我们为什么不能呢？在贾南风和司马伦的示范作用下，受到鼓励的野心家们纷纷披甲上马，率领洪流一般的军队奔往京城。

天下，就这样乱得无法收拾了。贾南风并非八王之乱的始作俑者，但不可否认的一点是，她往这场大火里投了许多干柴；而司马伦呢，接着又泼了一盆热油。

在西晋王朝短暂的历史上，与之前的执政者相比，贾南风做得不算差，某些方面甚至比前人做得还要好一些。然而，行百里者半九十，因为最后一步行差踏错，事情发生了质变，她被划入了祸国乱政者的行列中。

可惜了，如果她能照着母亲的话做，她未必不能成为另外一个冯太后；历史对她的评价，也未必不会是另外一种样子。

曰"何不食肉糜"的弱智皇帝
司马衷

不得不说，司马衷简直就是为"既蠢又坏"这四个字量身定做的模型。他智力低下，蠢得无可救药，民间闹饥荒的时候，他不但不想办法赈灾，反而问灾民为什么不吃肉粥。

然而，仔细了解一下这段历史，我们就会发现：司马衷的智力有缺陷是事实，但他并不坏；甚至可以说，他比西晋王朝上层的绝大多数人都要好。

司马炎好色，生育能力也没问题，自然不缺儿子。他的二十六个儿子之中，司马衷排行老二，因为老大死得早，所以司马衷的地位自动上升，变成了长子。他一生的悲剧，也从此拉开了序幕。

1

公元 265 年，魏晋易代。为了打击齐王集团，断绝齐王对皇位的觊觎，司马炎称帝仅仅一年多，就风风火火地册立了九岁的司马衷为太子。

事情到这里本来并无不妥，然而，渐渐地，人们惊恐地发现，太子的智力存在严重的缺陷，一直停留在童年的水平，并没有随着年龄一起增长。

咸宁元年，即 275 年，洛阳暴发了一场大瘟疫，司马炎染病不起，几乎丧命。就在他病重期间，大臣们窃窃私语，暗中达成共识——一旦陛下驾崩，就废黜太子，拥立齐王登基。可人算不如天算，谁也想不到，司马炎竟然奇迹般地康复了，他很快就知道了自己病重期间发生过什么。

从此，针对司马炎百年后的帝位归属，司马炎、司马攸兄弟展开了时长近十年的斗争。

如果大臣们提议改立别的皇子为太子，就不会有后面那一大堆麻烦事了。问题在于，齐王的支持者基本都是司马师带出来的班底，他们并不考虑别的人选，只是全力以赴地为齐王呐喊助威，声称齐王贤明，太子愚钝，应该立齐王为储君。

要证明别人是错的，得先证明自己是对的。

为证明太子是可塑之才，司马炎煞费苦心，向东宫派驻了最好的师资队伍，奈何少年司马衷智力条件的局限性实在太强，那些饱学之士用尽手段，也无法取得突破性的进展。司马炎百般无奈，只好改变战术，转而用舆论造势的方式为皇储树立贤明的声名。

太学是西晋的最高学府。每年莅临此地督导学子的课业，是帝王应该履行的主要职责之一，其目的在于表达对圣贤的崇敬，鼓励学子们明礼仪，敦厚德，习典籍，将来成为国家的栋梁之材。

发生立储之争后，司马炎再也没有去过太学，视察最高学府的任务改由司马衷执行。从咸宁三年（277）到太康三年（282），司马衷至少去过三次太学，或者主持隆重而古老的礼仪活动，或者讲解先贤典籍。

主持礼仪的难度不是很大，只要按部就班地做一些程式化的动作，差不多就能蒙混过关；讲解先贤典籍对司马衷的智力则是一个巨大的考验。如果我们的猜测没有错误，他应该只是照本宣科，当众宣读一下早就准备好的讲话稿。

我们好奇的是，当莘莘学子看着皇位继承人（未来的国家之主）一脸呆相，嘴巴一张一合，结结巴巴地念着发言稿时，不知会作何感想。

在宫墙深处，太子的智力存在严重缺陷并不是什么秘密；而在宫墙外的广大世界里，由于御用宣传人马的蛊惑，真相被当成了谣言，谣言反而被当成了真相。许多人被朝廷放出来的烟幕弹迷惑了，天真地以为太子满腹经纶，温文尔雅。直到南北朝后期，提到前朝旧事，还有人认为司马衷头脑机敏，学识远远超过大多数人。

2

太康四年（283），齐王司马攸吐血身亡，立储之争就这么突然地结束了。然而，站在逝者的灵位前致祭时，看到身边的太子，司马炎心里唯有难以启齿的苦涩之情。

是的，他胜利了，他是这场权力斗争的胜利者。但往后他只能将错就错，把王朝的未来交给这个智力不足的儿子。因为在过去的许多年里，他动用大量人马宣传造势，给太子树立了贤明的形象，再变更皇位继承人的话等于自抽耳光。

　　七年后，司马炎去世。临终前，他给司马衷留下了两根腐朽的拐杖——司马亮和杨骏。

　　在此之前，司马衷的形象比较单薄，很容易让人以为他是嘴角经常挂着口水的低能儿。然而，继位之后，他的历史形象变得让人一言难尽，如同一幅平面人像变成了立体模型。

　　司马炎去世当夜，杨骏独揽大权，吓走了胆小的司马亮。之后，在贾南风的秘密运作下，楚王司马玮回京发动政变，血洗了弘农杨氏。事后，就如何处置太后杨芷一事，司马衷第一次在政务场合发出了自己的声音。

　　当时，贾南风指使党羽上书，奏请废黜杨芷。议案送到司马衷手里后，他却出声说："处置太后是大事，你们再商量商量吧。"

　　杨芷是司马炎第一任皇后杨艳的堂妹，也就是司马衷的姨母。司马衷十六岁的时候，杨艳去世，杨芷就是从那时起成了他事实上的监护人。

杨芷曾经协助杨骏弄权，她既不清白，也不无辜。不过司马衷理解不了复杂的权力斗争，对这些东西也不关心，他只知道将要被杀死的这个女人是自己的亲人。正是出于对姨母的孝心，他在朝堂上开口说话，发表了自己的"政见"。

杨芷的命终究没有保住。看管她的太监和宫女们接到了贾南风的秘密指示，断绝了一切食水供应。在饥饿和干渴的折磨下，杨芷凄凄惨惨地死在了冷宫里。虽然没有保住姨母的性命，但司马衷在这次朝堂争执中所展示的姿态，也可以证明他不是冷血无情的怪物。

杨家覆灭后，楚王司马玮也落入了贾南风精心设计的圈套中，被绑赴刑场斩首。接下来朝野内外迎来了将近十年的和平期。

在这段历史时期里，只有当贾南风把一道道诏书和奏章送到司马衷面前，请他加盖玉玺的时候，他才能有些轻微的存在感。他每次都动作娴熟又小心翼翼地伸出手，拿起玉玺，在纸上留下一块可以证明自己是王朝统治者的印迹。

3

永康元年（300），贾南风落到了赵王司马伦挖好的陷坑里，属于她的时代就此落幕。

不久，司马伦上演了一出篡位称帝的闹剧，但很快就被拥兵上洛的列王赶下台。

闹剧结束后，司马衷复出，在处置司马伦的党羽时，他唯独提到了一个小名叫阿皮的人，气愤地说一定要把此人处死。

阿皮是西晋某开国元勋的曾孙，名叫司马威。司马伦逼宫夺权时，司马衷紧紧抓着玉玺不松手，而司马威强行掰开他的手指，从他手中夺走了玉玺。就像一个壮汉粗暴地夺走了一个孩子最为心爱的玩具，这件事留给司马衷的印象太恐怖了，即使时隔多日，他依然记忆犹新。

如果说对杨芷的态度表现出了司马衷的爱，那么这一次，他表现出来的就是强烈的恨。

赵王司马伦死后，大权落到了齐王司马冏手里。

司马冏的父亲当年是被晋武帝司马炎气死的，如今，上一代人的恩怨延续到了下一代人的身上。把持朝政期间，司马冏独断专行，政由己出，根本不把司马衷视为皇帝。

不久，长沙王司马乂奋力一搏，险中求胜。恶战结束的那个凌晨，皇宫里火光遍地，在呛人的烟雾中，衣甲凌乱的司马冏被押到了司马衷面前。

面对这个曾经践踏过自己人格尊严的人，司马衷的反应并不是以牙还牙，而是心生恻隐，想放过对方。

在那种蛇行鼠窜的险恶环境里，这种仁慈罕见而可贵，但很不明智。幸好司马乂的头脑是清醒的，极力主张处死司马冏。

八王之乱期间，司马乂是唯一给予司马衷温情和尊严的好人。可惜好人不长命，最终他被自己的盟友出卖，在刑场上被活活烧死了。

随着局势的恶化，司马衷的处境越来越糟糕，他被凶狠的诸王裹挟着，在黄河以北的大地上东奔西跑。所有人都想挟天子以令诸侯，因此往往为了争夺他而大打出手。他们在企图把他当成压制对手的王牌时，却也没有一个人真的把他当一回事。

永兴元年（304），东海王司马越挟持司马衷，打出御驾亲征的旗号，与成都王司马颖激战于荡阴。大战当天，乱军狂暴如潮，如果不是嵇康的儿子嵇绍忠心护主，以肉身为盾，司马衷当时就要死于乱军之中了。

战后，侍从要清洗血衣，司马衷说了一句掷地有声的话："此嵇侍中血，勿去。"（衣服上是嵇侍中的血，不要洗。）

光熙元年（306），八王之乱结束，东海王司马越成了这场大混战的胜利者。经过这么多年的厮杀，朝廷的权威早就崩溃了，这也就意味着，惠帝司马衷已经变成了一个累赘。

战争结束的第二年，司马衷在某天吃饼的时候死了，死得恰逢其时。对此，史官不是很肯定地说，他临死时吃的那张饼可能被司马越动过手脚。

那是一个动荡不安的时代，大家都活得很艰辛，几乎每个人都有亲人死于烽火连天的战争，或接踵而至的天灾，或长年累月的瘟疫。人们都在为自己的处境感到悲哀，没有精力去同情其他人。司马衷死得悄无声息，就如同他那没有什么存在感的生命。

关于司马衷的智力水平，历来有些争议。他的智力有问题是一个不争的事实，人们争执的焦点在于，他的智力究竟有多低——是比常人低一些？低很多？还是低到极点？这永远是一个谜了。因为历史记载很有限，我们根本不可能用 IQ 指数（智力商数）评估他的智力水平。但他也有正常人的情感，这一点应该没有什么问题。而且，他天性善良。

如果不是大哥去世得早，司马衷根本就没有做皇帝的可能。以他的智力和心性，他也肯定不会对皇位有觊觎之心。但命运弄人，在父亲和叔父的政治斗争中，他稀里糊涂地充当了父亲打压政敌的工具，稀里糊涂地做了皇帝，稀里糊涂地被野心家们裹挟着东奔西跑，最终稀里糊涂地丢了性命。

司马衷从小在皇宫里长大，在平静的生活被战火焚毁之前，他对宫墙外的世界一无所知。"老百姓没饭吃，为什么不吃肉粥呢？"他说这句话不是因为昏庸或者残暴，而是天真（也可以叫傻乎乎）地以为，老百姓的生活标准和自己的是一样的。

真正昏庸而残暴的，是他的父亲司马炎。"父母之爱子，则为之计深远。"司马炎不是合格的皇帝，也不是合格的父亲，是他亲手把绞索套到了儿子的脖子上。

对于那个时代的混乱和崩溃，司马炎要负责任，很多人要负责任，处于风暴中心的司马衷却不需要负责任。因为，他真的什么也没做。

屠场里的清谈家

王衍

东晋王朝的权臣、出身于琅邪王氏的王敦王大将军有个文人雅士的爱好——清谈。

某次清谈结束后，有人问他感受如何。他瞪着眼睛想了一会儿，说："王衍坐在众人当中，如同珠玉在瓦砾之间。"言外之意是，要说清谈的行家，还得是王衍。

他说这句话的时候，王衍已经死了十几年了。那么，王衍到底是怎样的一个人，会让见惯大世面的王敦也为之折服？

1

清谈的前身，是汉代的清议。

汉代选官任人的方式，主要是察举和征辟。简单讲，由下向上推荐人才即察举，由上向下征召人才即征辟，而察举和征辟的基础，即清议。

所谓清议，通俗地说，就是你的交际圈中人对你的社会评价。社会评价越好，你入仕的概率就越大，因为这在汉代将成为各级政府选官任人的重要依据。

举个例子。

包子屯的张三特别想做官，那他平时就得给自己树立良好形象：要读书，最好拿着书坐在村口大槐树下，让父老乡亲都知道他好学；跟乡亲们唠嗑，时不时引用几句子曰诗云，乡亲们能不能听懂没关系，重要的是让大家知道他有文化；帮李大爷砍了柴，给王大娘挑了水，要想办法传遍全屯子。没过多久，馒头镇派专员来选拔人才，在屯子里一打听，大家都对张三赞不绝口。屯子里父老乡亲对张三的评价，就是清议。

从理论上来说，评价张三的权利在普通村民手里，但在实际操作中，往往只看重屯子的头面人物对他的评价。也就是说，大多数情况下，清议只是地方头面人物对一个人的评价。

地方头面人物要是对候选人很认可，就会通过"风谣"和"题目"来加以肯定。

风谣，一般用来标榜学术造诣；题目，一般用来标榜道德和其他方面的素质。不过这种界定并不是很严格，有时候也会有交叉。它们的特点是简短，便于流传，比如"关西夫子""五经无双""贾氏三虎""荀氏八龙""云中白鹤""世之干将""劲松下风"。

那个时代，炒作一个候选人的方式，有些像现在网络营销的造势，即尽可能多地让地方上的"大V"（相当于头面人物）给你做宣传，把名声炒起来，做官就容易多了。

按照通行的说法，从清议到清谈的转折点，是东汉末年的党锢之祸。

在此之前，清议以儒家思想为标准。由于儒家思想与现实政治关系密切，党锢之后，士大夫集团万马齐喑——清议的形式虽然还在，但它与儒家思想的关系也出现了解绑趋势。

魏晋易代之际，政治形势更加险恶，士人难免要在司马氏和曹氏之间二选一，稍有不慎就会惹来杀身之祸。也正是从这时候开始，玄学才渐渐成为清谈的主要内容，因为玄学——也可以称为老庄学说——是一种更倾向于"出世"的学说，与现实政治的关联性没有儒家那么强。[①]

公元256年，王衍在琅邪王家出生了。

他出生的时候，清谈即将完全取代清议。

那个时代，做高官必须有个好出身。琅邪王家依靠研习儒学起家，发迹于汉代，到王衍出生的时候，它已经是海内闻名的门阀。

王衍小时候特别可爱，放到现在至少是"国民宝宝"级别。他小时候与"竹林七贤"[②]中的山涛有过一面之

① 清谈是魏晋政治史、思想史上的一个大议题，更丰富的解说可以参考唐翼明的专著《魏晋清谈》。

② 即当时玄学的代表人物阮籍、嵇康、山涛、王戎、向秀、刘伶、阮咸七人。因七人常聚于竹林中饮酒纵歌，恣意而为，故世谓"竹林七贤"。

缘，山涛对他的评价是："将来乱天下的，可能就是这个孩子。"

后来发生的事情证明，山涛的看法完全正确，王衍确实是一个祸害天下的妖孽。可在他还是个孩子的时候，山涛怎么就能看出他是祸害天下的"潜力股"？

山涛在魏晋年间以善于识人而闻名，既然他说王衍将来可能祸害天下，想必也是有些依据的，不是信口开河。他打了个哑谜，没有说依据是什么；但把王衍放在时代大背景下，猜到他那样说的原因并不难。

首先，所谓的高贵出身已经在官场上给王衍预定了一个位子，而且这个位子不会低。

其次，王衍长得漂亮，在流行阴柔审美风气的魏晋年间，这是个加分项，能让他在官场上爬得更高。

再次，王衍小时候口才好，爱表现。口才好预示着他有成为清谈家的资质，很容易在未来成为士族中的红人；爱表现则预示着他将来可能会闹出什么祸事。

或许就是因为这样，山涛对王衍作出了那个令人不安的评价。

在王衍十三四岁的时候，西晋另外一个名臣羊祜也对他作过一个评价。

当时，王衍代替父亲去给羊祜作述职报告，口若悬河，夸夸其谈。羊祜对他的评价与山涛相似，只是羊祜的看法更坚定一点。在山涛口中，王衍将来祸害天下只是一种可能；而在羊祜口中，王衍将来祸害天下是一种必然。

为什么羊祜的看法如此笃定呢？

2

羊祜那么笃定，是因为时代变了。

其一，山涛评价王衍的时候，王衍还是个孩子，未来可能还有许多变化；而羊祜评价王衍的时候，王衍已经是个少年，秉性大变的可能性较低。其二，与从前相比，琅邪王家的地位提高了不少，这意味着王衍将来在官场上行走会更加顺利。其三，更为重要的是，清谈的历史作用发生了变化。

魏晋易代之际，士人是为了躲避政治迫害而转向清谈；西晋开国之后，清谈却成了士人的主动选择。为什么会发生这种变化呢？

很简单，经济基础决定上层建筑。

当时出现了新的社会阶层——士族，以及新的经济形式——士族庄园经济。在国家大型经济体内，士族庄园经济自给自足，基本不需要与外界互通有无就能活得很滋润。作为庄园的主人，士族当然不愿意朝廷从自己的家产里抽成。而老庄学说提倡的是什么呢？无为而治，清虚自守，老死不相往来……

说到这里，我们应该就明白了，士族清谈不是闲得没事干，清谈是谈给朝廷听，士族是把清谈当成了固化阶级利益的工具。

士族利益固化，自然就意味着对朝廷利益的侵蚀，司马氏不是不知道清谈有损臣民对朝廷的向心力；但他们的天下是在士族的默许下从曹氏手里偷来的，他们自己登场时鬼鬼祟祟，在士族面前就很难像真正的皇帝那样挺直腰杆说话。[1]不仅如此，他们还得满足这些士族的贪欲，以便继续换取他们的支持。清谈家们无所事事就能得到高官厚禄，自然也非常乐意做国家的蛀虫。

羊祜是实干家，阅历丰富，当过大官也打过大仗。王衍这样的毛头小子从他眼皮子底下一过，他就能看出个八九不离十。这种出身于门阀世家的子弟，将来肯定要做高官；但他那夸夸其谈的作风已经注定了他将来会

---

[1] 西晋是一个皇权衰弱的时代，许多历史学家对此有过阐述。不过这种衰弱只是相对的，或者说，与秦汉时代相比，西晋的皇权比较衰弱。至于为何如此，这是一个复杂的问题，它涉及汉末世家大族的兴起、黄巾起义，以及魏晋变革时一再上演的禅让闹剧。阎步克在专著《波峰与波谷：秦汉魏晋南北朝的政治文明》中有过精彩分析。

成为清谈家，这样的人能给国家带来什么呢？应该就是在这样的判断下，羊祜坚定地给王衍打了差评。

琅邪王家有很多人是朝廷高官，因为他们的吹捧，王衍还没入仕就已经名声在外。

某次，晋武帝司马炎问王戎："当世之人，王衍可以和谁相比？"

作为琅邪王家的子弟，王戎不无得意地说："当世无人可比，只能在古人当中找一找了。"

王衍有成为清谈家的资质，但他一开始并不想成为清谈家。

他是一个表演欲望特别强烈的人，喜欢标新立异，入仕前以纵横家自居，张口闭口天下大势，好像舌头一动，就能四海升平，内忧外患通通灰飞烟灭。

作为西晋王朝的名人，他这种独特的姿态很快就引起了朝廷的注意。十七岁时，经由一个朝廷重臣推荐，他被任命为辽东太守。

我只是装一下，朝廷怎么就当真了呢？——接到任命的时候，王衍蒙了。

辽东是西晋的边防重地，须得有真材实料的人才能压住这里的风浪。好在王衍有点自知之明，知道自己只会吹牛皮，一旦接手辽东太守的职务，牛皮就会被戳破。

而且他的愿望是去富庶的京城做无所事事的高官，辽东那种苦寒之地既危险，事情又多，他根本就不愿意去。于是，他高调拒绝了朝廷的任命。

他太喜欢表演了，如果生活在现代，一定会成为一个特别优秀的演员，各种各样的演艺奖项一定能拿个大满贯。

通过这种高调的辞职方式，他塑造了淡泊名利的人设，再次炒作了一下自己，又避开了仕途上的雷区，可以使牛皮不被戳破。

闹剧过后，他也明白了一个道理——牛皮不能乱吹，否则容易被雷劈。

经过一番思索，他决定选择一种更为安全的做官方式，那就是加入老庄指挥棒下的清谈合唱团。

3

就做官这种事来说，做清谈家最大的好处，是可以以退为进，把自己打扮成淡泊名利的模样。

因为清谈不涉及政治，所以朝廷在授予清谈家官职的时候，往往是随机的。如果对朝廷的任命不满意，清谈家们可以待价而沽，继续在舒适区打造淡泊名利的人设；如果得到油水丰厚又不用出力的岗位，他们就会"勉为其难"地接受任命。在这种社会风气中，士人形成了一种对如今的我们来说很怪诞的观念——务虚为"清官"，务实为"浊官"，以务虚为荣，以务实为耻。

王衍当初扮演纵横家，给自己立了一个经国大才的人设，结果被朝廷有针对性地授了官。尽管他高调拒绝了任命，但姿态未免有些狼狈。

与扮演纵横家这种危险的路子相比，做清谈家进可攻退可守，吃相能好看很多。

万变不离其宗。清议的宗是儒家典籍，清谈的宗是"三玄"，即《庄子》《老子》《周易》。常见的话题有：宇宙万物起源于有还是无、言意之辩、声无哀乐、养生、圣人是神性还是人性等。

清谈的表现形式有很多，我们不必详细了解它们具体是什么，只需要知道清谈是一种表演艺术就可以。清谈者既要有好口才，还要有丰富的面部表情和肢体语言，以便于达到感染听众、说服听众的目的。

王衍口才好，表演欲望强烈，让他去清谈，可谓"人尽其才，物尽其用"。

论嘴上功夫，王衍从来没虚过。他是个极其吸睛的绣花枕头，形象好，气质佳，喜欢表演，巧舌如簧，清谈时喜欢挥一支玉柄麈尾，手与玉柄共一色，仙气飘飘。每次参加清谈，他都是最靓的仔，总有一大帮人围着他看，不知道是欣赏他的口才，还是欣赏他的人。他死后很多年，还有些人称赞他"神姿高彻，如瑶林琼树""岩岩清峙，壁立千仞"……总之，在清谈圈里，他是最受欢迎的公子哥儿，大家都觉得他应该做清谈合唱团的领唱人。

加入清谈合唱团不久后，王衍的父亲去世了，来参加他父亲葬礼的人不少，随的份子钱非常多。葬礼结束没多久，就有亲朋好友来借钱，王衍一点儿也不小气，有求必应，很快就把份子钱分得干干净净，连家产也被他分出去了不少。等到发现家产已所剩无几，生活无以为继的时候，他只好搬到洛阳西郊的乡下居住。

史官记载这个故事，大概是为了说明王衍有慷慨的一面，对钱财看得很淡。大概作为一个清谈家，谈钱是一件十分羞耻的事。在另外一些逸闻趣事中，工衍也展现出了视金钱如粪土的一面，比如他从来不直接说"钱"，觉得说"钱"很脏，而称其为"阿堵物"（让人讨厌的东西）。但我更倾向于认为，他所做的这一切不过是为了打造人设，面对公众表演。

对于琅邪王家这样的世家大族来说，他外借的那点钱不过是九牛一毛，怎么可能因为这么一点钱就沦落到生活无以为继的地步？

这种表演很拙劣，但在一众清谈大家的炒作下，王衍又火了一把，名头之响简直无人能比。搬到洛阳西郊不久后，他接到了朝廷的任命，入宫担任太子舍人。

当时正值司马炎在位后期。从进入政坛到司马炎驾崩的十几年里，王衍的政治履历非常简略，只是一直不停地加官晋爵，而且还把女儿许配给了司马炎的小皇孙司马遹，摇身一变成了皇亲国戚。

这十几年里，他唯一留下的记载比较清晰的政绩，是在京畿地区的某个县城主管政务，所谓"终日清谈，而县务亦理"——终日清谈不工作，政务却井井有条。

仅从这个记载来看，他似乎很高明，颇有些无为而治的意思。但这只是假象。

当时的西晋王朝正处于最和平也最腐朽的时期，没有爆发大乱子就是政务井井有条，王衍的"县务亦理"，不过是西晋王朝灭亡之前的一个缩影而已。暴风雨来临之前，他这样的人似乎毫无所觉，仍在落日余晖里挥麈谈玄，做着岁月静好的幻梦。

很快，世人就会知道王衍这样的清谈家将会造成多大的祸害，王衍也将亲眼见证摧毁一个时代的风暴有多么猛烈。

4

在司马炎驾崩之前的十几年里，王衍的绝大多数精力都放在清谈上，族中兄弟、官场同僚，都是他清谈的对象。甚至在儿子病死的时候，他也不忘与前来吊唁的宾客清谈，展现自己的清谈技艺。

在清谈的大舞台上，他是最耀眼的明星，只要他一出场，聚光灯就会自动打在他身上。在一次次舌灿莲花的清谈中，他拥有了越来越多的追随者。越来越多的人相信，只要学到偶像的清谈技艺，就能在仕途上勇往直前。

清谈很无聊，但要把这门技艺吃透，往往也得下一番苦功，至少得在老庄学说上有比较深的造诣。

王衍本性轻浮，根本不愿意做这种点灯熬油夜翻书的事，对老庄只有一些肤浅的了解。他的强项在于舌头像墙头草，今天这样说，明天那样说，有时候他甚至当场改口，刚才那样说，现在却这样说，所以当时有些人说他"口中雌黄"——信口雌黄这个成语就是因为他而产生的。

但在清谈的粉丝圈里，他无论如何都是最好的哥哥，信口雌黄非但不是毛病，反而具有一种率真的魅力。

在清谈的舞台上，王衍的虚荣心得到了极大的满足。

他喜欢这种被崇拜、被重视、被热捧的感觉，疯狂的粉丝也愿意以最大的热情支持他们的偶像。

然而，幻梦终究是要破灭的，正如流量明星一旦失去资本的加持，就变成了路人甲。

太熙元年（290），司马炎驾崩，大动乱的雷声滚滚而来。

先是杨骏弄权，跟着是楚王司马玮入京诛杀杨骏，接着是贾南风设巧计上位，之后她又杀死了太子司马遹。

动乱刚发生时，王衍呆若木鸡，他那引以为豪的如簧巧舌，一点儿也不能帮他拨开眼前的迷雾。直到贾南风决定废掉司马遹，他才匆匆忙忙地献忠，让女儿赶快跟司马遹离婚。

司马遹被幽禁时，曾秘密写信给王衍，求他在贾南风面前代为周旋；但王衍怕惹祸上身，接到信以后毫无作为。

等到赵王司马伦除掉贾南风并僭位后，王衍为免祸又装疯砍杀婢女。司马伦碍于琅邪王家盘根错节的势力，最终还是没有杀王衍。

司马伦篡位称帝后，为了争夺皇位，越来越多的藩王卷入了这场厮杀。

王衍这时候倒是精明，把信口雌黄的嘴上功夫变成实际行动，在列王之间左右逢源，成功地抱住了东海王司马越的大腿。

经过这么多的动乱，他又明白了一个道理——靠天靠地不如靠自己，与其看一个个霸王的脸色求存，不如把琅邪王家也孵化成霸王之一。

在他的多方周旋下，险要的荆州落到了他的弟弟王澄手里，富庶的青州落到了他的族弟王敦手里。对此，他扬扬自得地说："兄弟们掌握荆州、青州，我坐守京城，真可谓狡兔三窟。"

在政权快垮台的时候，还这么不遗余力地经营门户，王衍的这种无耻行径遭到了很多人的鄙视，他也由此丢失了一批追随者；但那些依然支持他的人却还像以前那样支持他。在这些人眼里，王衍做什么都是对的。

5

随着司马越的胜出，长达十六年的八王之乱终于结束了。很多人以为这是和平的开始，但这只是大动乱正式开篇的序言。

八王把西晋王朝的核心区域打得百孔千疮，在这些疮孔中，北方少数民族看到了占据西晋河山的可能性，而且这种可能性还不小。

最早向奄奄一息的西晋发动攻击的是匈奴人。他们的攻势很猛，很快就打到了洛阳城下。

为了躲避匈奴人的攻击，司马越打着主动出击匈奴人的幌子，带着晋军主力离开了洛阳，但没有走多远，他就因病去世了。临终前他把后事托付给了王衍，众人也一致推举王衍担任主帅。

作为司马越的心腹，王衍于情于理都应该担此重任。但在被众人寄予厚望的时候，他却畏畏缩缩地说："事情太大了，怎么能让我这种没才能的人扛事呢？"

这是大实话，也是他为官多年难得说的一次真话，就像一个红了很多年的流量明星说自己是真的没演技。但他那以退为进的姿态摆得太久了，他越是说自己没才能，别人越以为他是谦虚。无奈之下，他只好担任主帅。经过与僚属商议，他决定秘密运送司马越的灵柩到故土下葬。

送葬的队伍很庞大，浩浩荡荡的军队，加上司马氏宗王及其家眷，总计十几万人。

走到宁平城（今河南郸城）附近的时候，这支庞大的队伍被石勒的骑兵包围了。眨眼间，原野上血流成河，铺天盖地的箭雨一次又一次地射向包围圈中的猎物，然后是一次次的冲锋、践踏、砍杀，大地上萌发的新绿很快就被淹埋在血泥之中。

经此一战，西晋王朝的最后一支精锐也被彻底歼灭了。

作为这支军队的主帅，王衍在亲随的保护下，亲眼看到了箭雨、流血、残肢断臂、遍地的尸首……他是清谈的行家里手，曾经在官场上依靠清谈乘风破浪，所向披靡；但在战斗进行时，他出神入化的清谈技能丝毫无益于战局，只能看着一个个生命被屠杀。在极度的恐惧中，他甚至忘记了与清谈有关的一切。

战斗结束后，他和一些所谓身份高贵的人，被押送到了石勒面前。

石勒原来只是一个奴隶，没少遭受王衍这一类人的折磨与羞辱，如今能以胜利者的身份与王衍交谈，他在心理上有一种大仇得报的愉悦感。在他面前，王衍对西晋王朝的兴亡发表了自己的看法，历史记载中没有说他的看法具体是什么；但可以猜想得到，不外乎是骂西晋王朝太黑暗，不是东西，灭亡是咎由自取。

石勒认同王衍的看法，跟他聊了很久。据此，轻浮的王衍作出了一个错误的判断，他误以为只要能得到石勒的欢心，自己就还有活下去的希望。所以，鞭挞完罪该万死的西晋王朝之后，他的清谈技能满血复活，用蛊惑人心的口才和谄媚的姿态说自己从小就对仕途没兴趣，进入朝堂是迫于无奈，对西晋的灭亡完全没有责任，并劝说石勒称帝。

石勒是从社会最底层爬上来的人，阅人无数，见多识广，即使如此，他还是被王衍无耻的言行惊呆了。

他愤怒地说："你是名扬天下的大人物，年轻的时候就是大官，一大把年纪了也是，怎么能说你对做官没兴趣呢？扰乱天下的，就是你这样的人！"

当夜，王衍和那些所谓身份高贵的人被关押在一所土房子里，石勒命令士兵推倒土墙，将他们全部压死。

临死时，王衍哀叹道："我们这些人如果以前不祖尚浮虚，用心匡扶天下，也不至于落到今天的地步。"

这句话可能是史官为了警世伪造的，也可能是王衍说话时被石勒的士兵听见了；但不管怎么说，这句话的价值观是对的。

祖尚浮虚，指的就是热衷于清谈。

事实上，早在晋武帝司马炎在位年间，就有"清谈误国"的说法，时常有人上书抨击那些所谓的风流名士败坏政治风气。西晋灭亡后，抨击清谈的人更是络绎不绝。

在王衍死去四十多年后，桓温率军北伐，他登上楼船眺望中原，说半壁山河沦陷，就是以王衍为首的那些所谓清谈家的责任。

桓温的话是对的，清谈的确需要对西晋的灭亡负责，可他的话也不完全对。

司马氏丢失半壁山河的原因是多方面的，清谈并不是首恶；但说它是重要的帮凶之一没问题，因为它使许多士族变成了寄生虫，终日无所事事。在世道太平的时候，他们能浑浑噩噩地混到死；但一旦发生大动乱，他们就只能号叫着四处逃窜。

在王衍没有加入清谈合唱团之前，清谈家是蛆虫。王衍做了什么呢？他以苍蝇的形态飞到他们头上，作了一番终极形态演化的示范，带着他们加速蜕变成了苍蝇，在粪坑里嗡嗡飞舞。在西晋王朝的余晖照耀下，他们的翅膀上泛着五颜六色又令人作呕的光泽，但他们却觉得自己飞舞时的嗡嗡声很优雅。然后，天黑了，粪坑轰然倒塌，很多苍蝇被压死了，另外一些侥幸逃脱的苍蝇飞到别的地方继续嗡嗡作响。

王衍并不是清谈的创造者，但他是清谈的"大宗师"，拓展了这股歪风邪气的历史传播广度和传播深度。在他死后两百多年里，许多醉生梦死的士族依然沉浸在他撒播的流毒里不能自拔。

当然，清谈并不是一无是处。文艺爱好者可以说，它解放了人性和心灵，打破了传统儒家经学的桎梏，推动了哲学、美学、艺术的发展。

但是，这跟近三百年的南北分裂和动辄伏尸百万、人不如草木的乱世相比，或许有些不值一提。

被嫌弃的奸臣
贾充

在贾充生活的那个时代，知识是一种很稀缺的社会资源，只掌握在少数人手里。人们获得知识的途径一般是家传，或者付出昂贵的代价向名师求学。

贾充的运气相对好一些，他的父亲贾逵肚子里就有不少墨水，这使他不用背井离乡就能学到知识。

那时候的知识分为很多类型，比如儒家学说、道家学说、法家学说、阴阳家学说。贾逵是法家弟子。与别的流派相比，法家听上去比较冷酷，不是那么浪漫；但它提出了许多很实用的思想，特别是在需要以严刑峻法来维持社会秩序的乱世里。而贾充恰好就生活在那样的时代。

贾逵对曹魏忠心耿耿，但他死后，世道悄然发生了变化——司马氏表露出了篡权的迹象。时人的选择有两种：要么给曹魏陪葬，要么投靠司马氏。贾充和大多数人一样，选择了后者，并且依靠实用性很强的专业技能，很快就成了司马氏的心腹。

本来，按照这个发展路线走，他得到荣华富贵不过是手到擒来之事；但在他四十四岁的时候，一个突如其来的变故让他的人生轨道发生了偏移。

1

那一年，曹魏王朝的皇帝是二十岁的曹髦。

眼看着朝政被司马氏鲸吞蚕食，自己完全变成了一个空架子，曹髦气愤难当，于是集结了一支由侍从组成的杂兵，呐喊着冲向司马昭的相府。

在前往相府的路上，这支勇气可嘉然而战斗力堪忧的队伍被司马伷①拦住了。一看眼前的阵势，司马伷就知道今天要出大事，不闹得你死我活就收不了场。幸好他姓司马，天生自带护身符，犯再大的错也有回旋余地；所以，被曹髦呵斥几句之后，他转身就溜了。

曹髦继续前进，没走多远又遇到了贾充。司马伷能溜之大吉，但贾充不能，不然他在官场上打拼半生得到的一切就将有可能全都化为乌有。于是，他把心一横，嗾使成济冲上去杀了曹髦。

在那个政权交替的年代，和贾充一样没节操的人有很多，他们明面上是曹魏的朝臣，事实上却是司马氏的家臣。但贾充做得过了头，把故主捅死了，别人自然就有了以五十步笑百步的理由。因此，事发之后，贾充受尽千夫所指，人们争先恐后地和他划清界限。

同样的事情在司马昭眼里，却是另外一番面貌。

在曹髦死前不久，司马昭已经做好了篡位的准备，

---

① 司马睿的爷爷。

就等着演一出禅位的政治喜剧，黄袍加身，皆大欢喜。可他没料到曹髦的性情那么烈，宁为玉碎也不配合他进行政治表演。

尽管曹髦之死给他造成了相当大的困扰，迫使他不得不暂时放弃称帝的念头，转而全力以赴地筹备伐蜀之战，希望以军事上的成功来增加改朝换代的筹码。但这并不影响他对贾充的好感。

因为，假如当天贾充也跑了，弑君这种脏活儿，就得由他亲自上手。如此一来，改朝换代的舆论阻力将会膨胀成什么样，那可真是不好说。所以，别人眼中十恶不赦的弑君者，在司马昭眼里反而成了大大的功臣。当然，为了保住贾充，他不得不做出一点小小的牺牲——杀死成济以堵塞悠悠众口，尽管这只是掩耳盗铃。

2

曹髦死了，但他的阴影笼罩了贾充一生。

有一次，在盛大的宫廷酒会上，贾充与同僚发生了争执，同僚气愤地说："贾充啊贾充，世道这么乱，都是你一手造成的。"

贾充当然不肯背这么大的黑锅，于是回击道："我做什么了？凭什么给我扣这么大的帽子？"同僚说："那你告诉我，高贵乡公（曹髦）在哪里？"贾充恼怒不堪，但也无言以对。

类似的事例还有很多。最为有名的应该是孙吴末代皇帝孙皓对贾充的嘲讽。孙皓被押到洛阳后，贾充问道："听说你在江东挖人眼、扒人皮，这是一种怎样的刑罚呢？"孙皓尖刻地回答："这种酷刑针对的是弑君者。"

在外面，贾充无时无刻不在接受世人的道德审判；在家里，他也时常遇到这种尴尬。

他的母亲是个很传统的老太太，对忠义观念十分崇尚。贾充知道弑君这件事不光彩，出于孝心，他向母亲隐瞒了自己就是弑君一事的主导者的事实，只说了太子舍人成济弑君，并且禁止府里所有人提及此事。但老太太自从听说弑君一事后，时不时就会把这事拿出来唠叨一番，痛斥弑君者不知礼义廉耻，简直人神共愤。

在贾府，这是一个相当经典的笑话。老太太痛骂弑君者的时候，侍从只能默默听着；老太太一走，大家就在角落里笑得前仰后合。

贾充没有别的选择，为了在朝廷里站稳脚跟，他必须紧紧抱住皇帝的大腿。司马昭不是没有考虑过给予贾充厚报，但巨大的舆论压力使他不得不有所顾忌。曹髦死后，司马昭把贾充引入最高决策层，赋予了贾充参与国家机密的特权。但当贾充在承受舆论谴责时，他也没有站出来为贾充辩解过。

贾充的才能其实很了不起，西晋唯一一部通行全国的法典《泰始律》，就是在他的主持下编成的。

《泰始律》以汉律为蓝本，但与烦苛的汉律相比，它更为简明，更容易被社会底层接受和理解。从西晋灭亡到南北朝结束，其间大大小小的割据政权所采用的律令，基本都是对《泰始律》进行不同程度改造后形成的版本。

可是，弑君的罪名太沉重了。在这个罪名下，贾充的优点被忽略了，缺点则被放大了。人们普遍认为，他和当权者走得那么近，单单是因为他是个没有骨气的奸佞之辈，最擅长溜须拍马。

不管贾充承不承认外界的责难，不可否认的一点是，他的确和当权者走得很近，也确实善于揣测上意。

与当权者关系亲密所带来的诸多好处之一，是可以知道更多的内幕消息。

司马昭晚年放出了有意传位给齐王司马攸的风声，但贾充准确地猜测到，风声只是风声，司马昭真正属意的人选是司马炎；于是他不失时机地站到了司马炎背后充当吹鼓手。

司马炎上台后，贾充身价大涨，终于得到了主人的厚报，位列三公。

弑君的黑历史是抹不掉的，贾充知道这段历史的敏感性；宦海沉浮这许多年，他对树大招风的道理也有切身体会。

或许是为了缓和与同僚的关系，在得到司马炎的重用之后，他特别喜欢举荐人才。虽然这样做是为了收买人心，但他举荐的人大体上都是货真价实的干才，华而不实之辈一般不在他的考虑范围之内。只要对方有才干，即使与他有仇怨，他也乐意把对方的名字写在举荐名单上。有时候，被他举荐的人翅膀硬了之后背弃他，再见面时他也和和气气，好像什么都没有发生过。

除了举荐人才，贾充平时的言行也很低调，不会轻易表露自己的政治态度，尤其是在一些很尖锐的政治问题上，比如齐王与太子的皇储之争。

尽量避免招惹事端固然是他在这个问题上不置一词的原因，但更为重要的原因在于，齐王司马攸是他的女婿。

贾充的原配李婉，是曹魏中书令李丰的女儿。李婉长得漂亮，知书达礼，兰心蕙质，与贾充相敬如宾。司马师执政年间，李丰策划了一次暗杀行动，打算刺杀司马师。不幸的是，这次行动失败了，李丰本人惨遭屠戮，他的家族也遭到了毁灭性的打击。

贾充与岳父的政治立场不同，很早以前就选择了向司马氏效忠。看在他的面子上，司马师没有杀李婉，只是把她流放到了辽东，但她与贾充的夫妻关系也被迫就此终止。

对于劳燕分飞的结局，贾充的内心是痛苦的，天各一方之后，他还时常与李婉书信往来。在写给爱妻的一封信中，他情意缱绻地说："我何尝不想和你长相厮守，但我也确实无计可施。我的心意你是理解的，你的心意我也很了解，只要我们的心意不变，相距长山阔水又有何妨呢？"

许多年后，主持编订《泰始律》时，贾充在其中加上了这样一条律令——按律应当诛灭三族的，已经出嫁的女儿不在被诛之列。这不由得让人怀疑，这条律令出现在《泰始律》中，就是他与李婉悲欢离合的一种投射。

司马炎称帝后大赦天下，李婉重回洛阳，她与贾充的女儿贾荃还嫁给了齐王司马攸。

此时，贾充的正房是以善妒而闻名的郭槐。为了表示对贾充的恩宠，司马炎特许他迎回李婉，让他可以同时拥有两个正房。但贾充出人意料地拒绝了司马炎的美意，说自古以来没有可以同时拥有两个正房的先例，自已位居宰辅，不能坏了规矩。

这个理由无懈可击，但并非贾充的真实心意。之所以拒绝迎回李婉，一方面是因为郭槐是个醋坛子，另一方面是因为齐王与司马炎兄弟不和，贾充不愿卷入太深。

为了让父母破镜重圆，贾荃屡屡前往贾府，求贾充接回母亲。有一次她叩头哀求，头都磕破了，贾充也没有作出让步。

我们不知道贾充的老母亲对郭槐的看法是什么样的，但可以肯定，与郭槐相比，老太太更喜欢以前的儿媳妇。人上了年纪就容易话多，一有机会，老太太就唠唠叨叨，让儿子把李婉接回来，无奈贾充心意已决，怎么也不肯与前妻复合。在老太太弥留之际，贾充问她还有没有什么事情交代，她说："让你把李婉接回来你都不肯，我还能把什么事托付给你？"

重回洛阳的李婉住在永年里，贾充对外宣称从此以后与前妻断绝所有往来；但背地里，他的身影偶尔也会出现在永年里。

世上没有不透风的墙，这些事很快就传到了郭槐的耳朵里，她怒气冲冲地说要去找李婉问罪。有意思的是，贾充这时候不担心李婉，反而担心郭槐，他说："你最好不要去，否则你会很难堪。"但郭槐不听，带着童仆气冲冲地直扑永年里。

随后发生的事情非常有戏剧性。彼此一打照面，郭槐被李婉的容貌和气质深深折服，居然不知不觉地忘记了此行的目的，反而毕恭毕敬地躬身问安。不过，折服归折服，郭槐还是不同意与李婉同处一片屋檐下。

4

事实证明，贾充的政治嗅觉相当敏锐，就像他预料的那样，皇储之争渐渐地表现出了愈演愈烈的势头。尽管他很低调，从来不在这件事上表态，还刻意拉开了与司马攸的距离；但在司马炎看来，他这是老奸巨猾的表现，意在隔岸观火。不久，司马炎成功地施加政治压力，迫使他把女儿贾南风嫁给了太子。

在外人看来，与皇室联姻是为臣者的一种荣耀，而贾南风与太子成亲是贾家向皇室靠拢的信号；但如人饮水，冷暖自知。与皇室联姻之后，贾充的身份和地位比从前更敏感了 —— 以前他只有一个女婿，现在他有两个女婿；糟糕的是，这两个女婿是政敌；更糟糕的是，两个女婿的支持者都认为他两头讨好，有脚踏两只船的嫌疑。

几年后的一个秋天，洛阳发生了一场瘟疫，感染重疾的司马炎差点儿死去。就在他病重期间，有大臣策划了一个更换太子的方案，并咨询了贾充的意见。他们说：

"你有两个女婿，亲疏相同；但拥立太子的话，还是应该拥立贤明的那个。"

贾充明白，自己哪怕只说只言片语，日后都有可能成为祸患之源；所以这一次他依然没有表露自己的立场，以狡猾的沉默避开了凶险的政治陷坑。

不久，司马炎奇迹般地康复了。知道此事后，他大为光火，一回到朝堂，就以明升暗降的方式剥夺了贾充的兵权，又雄心万丈地下令发动灭吴之战，图谋以任命将帅的方式对现有的权力格局进行重置，把齐王集团的骨干逐出权力中枢，并削弱勋贵集团的势力。

贾充与齐王集团关系暧昧，而且他本身也是勋贵集团的大员，因此，在这一轮政治风潮中，他成了司马炎的重点打击目标。

如果仅仅是与齐王彻底划清界限，贾充可以考虑；但自己的政治利益受损，是他无论如何都不愿看到的。所以，在灭吴前夕，他罕见地表现出了激烈——或者说是气急败坏——的抗争姿态，极力反对消灭孙吴，还愤愤不平地说，应该把撺掇陛下发动南下之战的人拖出去斩首。

司马炎像看老狗狂吠一般，冷冷地看着贾充极为失态的政治表演，冷冷地敲定了南下之战的最终决议，然后又冷冷地任命贾充为南征军主帅。

让反对南征之战态度最为激烈的人做主帅，这其中的讽刺意味是不言而喻的——如果战争失败，主帅贾充得负主要责任；如果战争胜利，这个结果本身就是对贾充最为有力的嘲讽。

面对恶作剧一般的人事安排，贾充作了最后一次反抗——拒绝出任南征军主帅，但司马炎用一句话就封死了他所有的退路。司马炎说："你要是不肯去的话，我就亲自带兵出征。"

如果把司马炎这句话换一种表达方式，用比较直白的话来说就是——别给你脸不要脸。

5

咸宁五年（279），贾充随军南下。第二年，孙吴灭亡。又过了一年多，贾充去世。

弥留之际，贾充忧心忡忡，唯恐自己死后得到恶谥。他的侄子贾模说："是非功过随时间流逝自有公论，无法被遮掩。"

贾模或许也是一片好心，想着这样说可以安慰贾充，但贾充听了这话恐怕只会死得更加不安。

经过一番讨论，有大臣认为应该用"荒"字来总结贾充的一生。荒，荒唐的荒，荒谬的荒，荒悖的荒。

贾充一生的所作所为虽然并不是事事都能让司马氏满意，但作为一只白手套，他还是非常合格的，因为他给司马氏揽下了最脏的活儿。就凭这一点，也应该让他走得安心一些。如果把他的谥号定为"荒"的话……借用一句电影台词来说："这哪是打我的屁股，这明明是打您的脸。"

最终，司马炎采纳了另一个大臣的意见，赐贾充谥号"武"。

贾充是个文官，司马炎为什么选这个字呢？史官对此没有作任何解释。

我想，司马炎这样做可能是为了表彰贾充平吴的功劳吧。但是用这桩战功来表彰一个反战态度最为激烈的人，仔细琢磨一下的话，还是让人觉得挺荒唐的。

又或者，这个谥号本身，也许是司马炎对贾充所做的一个带有嫌弃意味的恶作剧吧。

扶不上墙的烂泥

司马亮

司马亮这辈子只做对了一件事——投对了胎。

他有最好的出身、最好的交际圈、最好的社会资源、最好的机遇，处在他的位置上，哪怕稍有能力，也能做出一番小小的事业；但他的能力偏偏糟糕透顶，配不上所拥有的一切。

他平平庸庸地活了一辈子，没有丝毫值得一说的功绩，甚至与那个时代的大奸大恶相比，他的恶行也显得很平庸。

提到那场与他有关的大动乱时，人们往往会说，哦，司马亮没作过什么恶吧？他不是一出场就死了吗？但是，事实上他是作过恶的。因为，像他那种手握大权，行动直接关系着社会安危的人，能力平庸本身就是一种恶。

1

司马亮出生在安全感匮乏的三国时代，所有人都活得战战兢兢。老百姓怕被当兵的干掉，当兵的怕被当官的干掉，当官的怕被皇帝干掉，皇帝怕被别的皇帝干掉。

为了延续香火，大家都在努力生孩子，司马懿也是这样。司马亮是他的第四个儿子，前面的三个儿子已经让他尝尽了为人父的喜悦，对于第四个儿子的降生，他没有给予什么特别关注，只是匆匆忙忙给这个儿子取了一个名字——亮。

202

当时司马懿正在跟诸葛亮打仗，天知道他把"亮"字作为儿子的名字，是不是某种精神胜利法。

那时候他太忙了，带着人马到处打仗，不是忙着进攻，就是忙着防御，忙得连这个儿子是哪一年生的都不记得了。

司马亮的母亲姓伏，伏低做小的"伏"。她是司马懿的妾，一辈子默默无闻，关于她生平事迹的记载极为简略。

史官说司马亮"清警有才用"，但根据现实情况来看，这显然是一种为尊者讳的溢美之词。

司马亮的哥哥们以各种各样的才能而闻名，他们也确实有种种过人之处；但司马亮从小就很平庸，平庸得没有存在感，好像司马懿没他这个儿子。

如果非得说他有什么优点的话，那就是他很低调。这可能是因为伏氏长年累月的耳提面命，所以他小小年纪就明白了自己在这个大家族中的身份，学会了夹着尾巴做人。

大哥吃鱼身，二哥吃鱼头，三哥吃鱼尾，作为老四的司马亮，只能吸吮鱼骨上的残渣。这话听起来很可怜，但事实上，与绝大多数人相比，司马亮的处境简直是好得不能再好了，他吸吮的残渣也是绝大多数人挣扎一辈子都得不到的。

那时候朝廷还是曹家的，司马亮不到二十岁就做了散骑侍郎，并被封为万岁亭侯。

这两个职务具体是做什么的，权力有多大，其实我也不清楚；但我想司马亮本人也不见得很关心这些问题，他只需要知道自己是司马懿的儿子就可以了。

2

曹魏甘露二年（257），淮南地区发生了一次叛乱。这时候，司马家的当家人是司马亮的二哥司马昭。司马昭早有改朝换代的念头，此时正在为这个宏大目标做最后的冲刺。

改朝换代必须有一帮信得过的人做帮手，什么人用起来最让人放心呢？首选当然是家里人。在这种心理的驱使下，司马昭让司马亮参与了这次征战，想借此机会扶持一下四弟，再把他安排到更重要的职位上。

考虑到四弟资质平庸，也没有作战经验，司马昭没有让他啃硬骨头，只是安排他在外围承担一些辅助性的作战任务。

然而，出乎司马昭意料的是，司马亮一上战场就被打得抱头鼠窜。司马昭面子上挂不住，只好革除他的所有职务，以示自己没有偏私。

可没过多久，司马亮又回到了官场上，一如从前，无功受禄，步步高升。可想而知，很多人对此肯定是有看法的；但有看法也没办法，谁让人家司马亮投胎投得好呢！

几年后，司马昭的儿子司马炎迫使曹魏末代皇帝禅位，改国号为晋。

司马氏的江山是在豪门大族的支持下得来的，司马炎登基之后投桃报李，给予了豪门大族许多经济上的优待。但一旦涉及军政大权，他就谨慎而吝啬，毕竟这是本身也是豪门大族的司马氏从同类中脱颖而出的撒手锏。

当时，司马炎的儿子们都还太小，出不上力，所以他只能重用叔伯兄弟。建晋同年，司马亮被册封为扶风郡王，食邑万户，持节，都督关中雍凉诸军事。

持节，即代表天子行使权力；都督某地诸军事是一种职务，大概相当于某军区最高军事长官。

司马亮让司马昭失望过，这一次，他又让司马昭的儿子失望了。

泰始六年（270），关中发生了一场大动乱。作为朝廷寄予厚望的地方大员，司马亮招抚无能，平乱无方，致使动乱愈演愈烈，几乎席卷王朝西境。司马炎即使贵为皇帝，也保不住低能儿似的四叔，只好下诏将其革职。

不久，孙吴政权的一个边将请降，在司马炎的授意下，司马亮以皇帝代理人的身份主持这次受降仪式，为朝廷立下了"大功"，很快又回到了官场中，照样官运亨通，步步高升。

司马炎知道自己的四叔资质平平，不是干事的料，但考虑到就这么让四叔明目张胆地吃朝廷的白食会有损皇家颜面，所以他还是想办法让司马亮做了一些力所能及的事。

司马亮没能力、没本事，可他有一个长处是别人比不了的——活得久，资格老。依据这个长处，司马炎册封他为宗师，负责督查皇族成员的言行是否符合规矩。

用比较通俗的话来说，宗师就是司马家族的思想品德课老师。后来，八王之乱爆发了，皇族成员几乎都加入了这场骨肉相残、毫无德行可言的厮杀里。

由此来看，司马亮做宗师也是失败透顶。不管别人对他的期望放得多低，他做得永远都会比别人期望的差很多。

3

太康元年（280），西晋灭吴。随着乱世的结束，司马炎面临的任务从打天下变成了守天下。守天下的方式很多，比如劝课农桑、轻徭薄赋、兴修水利，但对一个本质上是家天下的政权而言，培养一个可靠的继承人是重中之重。

早在十多年前，司马炎就册封还是个孩子的司马衷做了太子。司马衷是个好孩子，本质淳朴，心地善良，可惜的是，随着年岁增长，他的智商却一直停留在童年的水平。为国家安危起见，许多大臣主张更换皇位继承人，立齐王司马攸为储君。

司马攸是司马炎的同母弟，以高尚的品德和杰出的才能而闻名。司马炎对这个弟弟相当器重——至少表面上相当器重——多年以来一直把他当作皇室的核心人物。但分给别人饭吃是一回事，把炉灶让给别人是另一回事。

让司马衷当皇储，司马炎这一支以后就是皇室大宗；如果让司马攸当皇储，司马炎这一支以后就是仰人鼻息的皇室小宗。更让司马炎恼怒的是，他万万没有想到，朝堂上竟然有那么多人支持齐王。

当然，支持司马衷的人也是存在的，比如皇后的父亲杨骏。按照辈分来说，他是司马炎的岳父、司马衷的姥爷。

杨骏出身于曾经名闻天下的弘农杨氏，他本人的能力与司马亮旗鼓相当，但他的兄弟们都很有头脑。

围绕着立储之争，朝堂上在不断地吵闹的时候，弘农杨氏迎合上意，持续或明或暗地猛攻齐王集团。最终，齐王集团分崩离析，司马攸被活活气死。

司马亮胆怯成性，发生立储之争时，他怕惹祸上身，始终一言不发，置身事外。但司马攸去世之后，他却捡了个大便宜，全面接管了司马攸所有的职务，身兼侍中、太尉、录尚书事，成了仅次于当朝皇帝的第二号实权派人物。

司马炎不糊涂，他知道无能的四叔才不配位，但他需要的恰恰是叔叔的无能。这是从立储风波中总结出来的经验教训——关键的职位上还是得安排自家人，这个自家人的能力是其次，听话、本分才是最重要的。反正只是让司马亮挂个名，具体的军政事务自然会由手下人去做，把他当成一个吉祥物供起来就好。

与司马亮同时崛起的还有杨骏。司马炎重用岳父的动机，与重用四叔的动机差别不大，同样是觉得这一把老骨头能力差，但听话。

外患已被铲平，内忧已被拔除，忙忙碌碌这么多年，司马炎觉得该到享福的时候了。在司马衷的太子之位稳固之后，他过上了毫无节制的享乐生活。尽管皇宫里有整个国家最好的医疗养生条件，但他的肉体一直在以肉眼可见的速度急剧衰老。

4

太康十年（289），司马炎被病魔击垮了。很多大臣觉得陛下活不了多久了，司马炎也预感到了，趁着还有力气动弹，他对王朝的未来作了一些针对性的安排。其中有的变成了现实，比如分封儿子们为藩王；有的则只是停留在口头上，并没有成为正式政令，比如任命司马亮、杨骏为辅政大臣。因为入冬之后，司马炎的病情渐渐有所好转，他觉得自己还能活，有的事情可以再往后搁一搁。

不过消息已经传出去了，很多人都知道，一旦陛下龙驭宾天，司马亮和杨骏就会成为权势熏天的大人物。

第二年春季，司马炎的病情又恶化了。春季快结束的时候，他躺在病榻上，大多数时间都处于昏迷状态，醒过来的时候很少。

司马炎没有看错人，杨骏确实很听话；但再听话的人也是人，而不是毫无想法的工具。

至高无上的权力怎么能和别人共享呢？

趁着女婿昏迷不醒，杨骏把殿内的随侍全都换成了自己的人。不利于他独揽大权的消息，一个字也别想传到殿外。

有一次，司马炎清醒过来，忽然发现病榻边全是杨骏的人手，一瞬间就明白发生了什么。他勃然大怒，疾言厉色地训斥了杨骏一番，然后立下遗诏，命令司马亮与杨骏共同辅政。可他没想到，杨骏胆大包天，竟然敢对遗诏动手脚。

丧钟敲响了，洛阳城里处处慌乱，不管是真心还是假意，人们都表现得很悲伤。与此同时，杨骏公布了一份完全符合他心意的遗诏。

司马亮明白这份遗诏是假的，于情于理他此时都应该站出来；但他怕有性命之危，甚至不敢入宫与先帝的尸身告别，就连夜逃离洛阳，回到了自己的大本营许昌。

遗诏里为什么没有提到司马亮呢？朝堂里一片哗然，舆论的矛头纷纷从四面八方刺向杨骏，呼唤司马亮回朝的声音越来越高。

这倒不是说司马亮多么受爱戴，而是大家在以这种方式表达对杨骏弄权的不满。

为了扳倒杨骏，贾南风派人秘密联络司马亮，请他带头起事，联合各个藩王共讨逆贼。司马亮既不愿当出头鸟，也不愿显得多么胆怯，于是以一种非常做作的腔调说："杨骏倒行逆施，众叛亲离，我们什么都不用做，安安静静地等他自取灭亡就好。"

贾南风好气又好笑，只好转头向年轻气盛而又雄兵在握的楚王司马玮求援。不久，楚王回京，某天夜里突然发动政变，三下五除二就把杨骏及其党羽杀得干干净净。

京城的血腥味还没有散尽，司马亮就从许昌回来了。当初他逃跑的时候有多快，这次回来的时候跑得就有多快。

回京之后，他以宗室元老自居，不停地对毛头小子司马玮指手画脚。他懦弱了一辈子，戴着与世无争的面具活了一辈子，临老终于露出了马脚。

他的确无能，但他也有权欲，也想手握大权，呼风唤雨，颐指气使。而且最可悲的地方在于，他并不认为自己无能，而是一直认为自己只是没有施展才能的空间。

如今，他盼望了五十多年的机会来了，但他粉墨登场之后，做的第一件事——滥行封赏，企图拉拢人心——就引起哄堂大笑。

杨骏弄权是国之大祸，按理来说，祸乱平息后给大臣们一些赏赐无可厚非。但该得到赏赐的，难道不应该是有功之臣吗？何至于人人都能得到赏赐呢？连拉拢人心的手段都这么拙劣，这样的人能做得了什么呢？

这还不算，司马亮更为滑稽的表演在后头。为了把持朝政，他不遗余力地拔擢亲信，恨不得给自家的看门狗也安排个肥缺。有的人实在看不下去，好意提醒他以杨骏的覆辙为鉴，不能任人唯亲；但他闭目塞听，一点儿也不把逆耳之言放在心上。杨骏当权的时候，大家盼着他回来；现在他回来了，大家却惊讶而又好笑地发现，他跟杨骏并没有什么差别。

司马亮在政坛上卖力表演的时候，贾南风在场外不动声色地观看着，像观看小丑表演闹剧。等觉得时候差不多了，她给司马玮发出了一个信号。紧接着，忍怒已久的司马玮提刀入场，杀了丢人现眼而又惹人厌恶的叔祖。

汝南王司马亮的一生，就这样突然结束了。

有时候想想，人这一辈子，能认识到自己的无能，接受自己的无能，不去争取得不到的东西，平平庸庸过完一生，也是一个挺不错的选择。

司马亮这辈子，真的只做对了一件事——投对了胎。

被送上祭坛的猛将
司马玮

作为八王之乱中的第二个牺牲的诸侯王，司马玮给人的感觉是勇猛，勇猛得甚至有点不知死活。这样的人更适合活跃在战场上，但很可惜，命运没有给他这个选项。

司马玮是晋武帝司马炎的第五个儿子，出生于泰始七年（271），少年时代在禁军之中任职。

这就是他十九岁前所有的经历，相当干瘪。或许有人会对他小小年纪就在禁军之中任职感到惊讶，觉得他有某种过人的天资；但事实上，西晋王朝的宗室子弟早年间基本都有过这样的经历。所以，司马玮少年时代的经历说明不了什么问题，我们没办法从中对他的性格和能力窥探一二。

如果他在十九岁之前就死了，那现在的我们翻看历史资料的时候，顶多只会说一句，司马炎有个儿子叫司马玮，小小年纪就不在了。

然而，太康十年（289）的冬天，司马玮的人物形象忽然鲜活起来了。

1

这一年冬天，晋武帝司马炎病倒了，因为意识到自己将不久于人世，他在病榻上对国家的未来作了一些安排，其中一项就是分封自己的儿子们为藩王，镇守天下要地。司马玮就是在这时候被封为楚王，都督荆州诸军事。

此时距离西晋灭吴才九年，南方人普遍对北方政权缺乏认同感，许多大臣认为江东容易出事，必须派一个铁腕人物到那里压场。

荆州地处江东上游，一旦南方局势有变，司马玮就能迅速调兵遣将，顺流而下，直捣江东腹心。所以，他被任命为楚王，可见晋武帝对他十分器重。

同时，这个人事任命也从侧面反映出了他的一些个人特质——在军事方面有一定的造诣，性格里有强烈的武人色彩。

司马玮来到荆州不到半年，司马炎就去世了。随后发生的事情我们之前已经说过：杨骏篡改遗诏后，司马亮贪生怕死，不敢站出来维护宗室的权威，连夜仓皇逃往许昌。

据历史记载，当时的社会舆论对杨骏极为不利，连老百姓都对他指指点点。

这可能并非事实，老百姓都忙着过日子，光是活下去就把人折磨得筋疲力尽，谁有心思去关心杨骏如何如何、司马亮如何如何。朝廷里的权力斗争对大家来说充其量是一种茶余饭后打发时间的谈资，只有当权力斗争的血雨腥风波及自身的时候，人们才会慌慌张张去打听庙堂里究竟发生了什么。所以，当时对杨骏甚为不满的，应该也就只是那些被杨骏触动了利益的人。而在这些人当中，最为痛恨杨骏的自然是最大的利益获得集团——宗室，因为大家怕杨骏篡位，砸了司马家的炉灶。

最先向杨骏发难的人是皇后贾南风，她派人秘密联络司马亮，请他号召宗王联合起兵，讨伐杨骏。奈何司马亮胆怯成性，一口回绝了。司马亮不肯出头，贾南风只好另请高明。思来想去，她把目光投向了楚王司马玮。

作为宗室元老，司马亮不肯出头，其实也就等于给其他人传递了一个信息——扳倒杨骏的难度很大，我这个老人家尚且不敢怎么样，你们这些小年轻都靠边站。

但司马玮不吃这一套，一接到贾南风的消息，他就表示自己愿意鼎力相助。于是他向朝廷上奏，请求回朝任职。

让司马玮待在荆州，杨骏本来就挺害怕。他一直想把司马玮召回京城，以便于监视，只是不知道该用什么由头。既然如今司马玮主动请求回京，那可真是再好不过了。

2

元康元年（291）二月下旬，杀气腾腾的司马玮回来了。他回京这一天万众瞩目，居京藩王都带着自己的

216

随从和仪仗到郊外迎接。

　　大致来说，当时的洛阳城是一座"回"字形结构的城池，中间的小"口"是皇亲国戚所居的宫城，外面的大"口"是品级比较低的官员和平民百姓所居的外城。负责保卫京城安全的禁军也分为两部分，殿中军镇守宫城，外营兵镇守外城。

　　杨骏的府邸在宫城区。这个家伙的能力虽然与司马亮半斤八两，但他也知道弄权的前提是手里有军权。因此，在挤走司马亮之后，他牢牢地把外营兵抓到了手里。然而，问题恰恰就出在了这里。

　　三月上旬的一个黄昏，随着暮色的来临，宫城上空回荡起了低沉悠远的鼓声，紧接着，外城各个里坊的鼓楼上也陆陆续续敲响了鼓点。这是宵禁来临的信号，意思就是说，从鼓声响起的这一刻起，人们就得各回各家，没有公门签发的路引，谁也不能擅自到外面走动。

　　在此起彼伏的鼓声里，几个太监快步走到各个宫门前，对着日落的方向郑重地拜了拜。这是一种古老的仪式，代表着对上天的感恩和崇敬。

　　就在这个看起来与往常没有什么区别的夜里，政变爆发了。

　　入夜之后，在司马玮的指挥下，殿中军火速出动，

217

包围了杨骏的府邸。他们先是登上杨府四周的制高点发动几轮齐射，将杨府射得鸡飞狗跳；然后是破门而入，大砍大杀。混乱之中，杨骏逃到了一个马厩里，但马上就被穷追不舍的几个无名小兵捅死了。

发生政变时，太后杨芷——也就是杨骏的女儿——派人将紧急军情写在布条上，并将布条射到了宫墙外，希望捡到布条的人能把消息送给外营兵。但在这一夜，外营兵并没有作出什么反应，可能是因为他们压根没有接到消息，也可能是接到了消息但不敢轻举妄动，又或者是他们还没有攻破宫门，宫墙内的战斗就结束了。

政变当夜，有人曾建议杨骏火烧云龙门，向外营兵示警。杨骏说，魏明帝当年建造这座宫门时投入的人力物力甚巨，怎么能说烧就烧了呢？

现在许多人觉得这件事很搞笑，认为杨骏的脑袋错乱得厉害，死到临头还舍不得一座宫门，被不合时宜又莫名其妙的敬畏感束缚住了手脚。在当时，把这当笑话的人也一定为数不少；但我想，几年之后，当局势乱到什么都可以烧，谁都可以杀，各个野心家对任何东西都不再抱有敬畏感的时候，再次回想起杨骏的话，人们应该就不会觉得那有什么好笑的了。

除掉杨骏，是司马玮人生中的高光时刻。这一年，他才二十一岁。

3

杨骏刚死，司马亮就惦记着辅政大臣的位子，觍着脸从许昌回来了。这种行为很让人厌恶——像公交车上仗着年龄大让年轻人让位的老流氓——但也让人无话可说，毕竟让他做辅政大臣的确是晋武帝的意思。

先帝的意愿是不能违背的。贾南风欣然同意由司马亮担任辅政大臣，与此同时，她还给司马亮安排了一个搭档——卫瓘。

了解三国历史的人应该都知道，卫瓘是个厉害角色，早在曹魏年间就在官场上混得风生水起；不过他是靠自己的能力，不像司马亮那样只是靠投胎。

司马玮得到了什么呢？作为对他诛灭国贼的奖励，贾南风把禁军指挥权交给了他。就这样，朝中出现了三巨头，两个年过半百的老头子和一个二十岁出头的愣小子形成了三足鼎立的局面。

史官说，司马玮接手禁军之后制定了一些严刑峻法，很多人忌恨他；史官又说，司马玮开明而慷慨，很多人喜欢他。这两个评价貌似矛盾，但其实并不冲突，因为前者针对的是社会上层，后者针对的是社会下层。

我之前说过，西晋王朝是在豪门大族的支持下建立的，晋武帝登基之后也给予了支持者许多优待。当时的豪门大族几乎是一个法外阶层，无所事事，纸醉金迷，声色犬马，有的人甚至赤裸裸地依靠打劫发家致富。[①]

尽管史官没有说司马玮制定的严刑峻法的具体内容是什么，但料来应该与制约豪门大族的法外特权有关。相对应地，他的开明慷慨是针对老百姓的。关于这一点，后来发生的一件事可以作为我作出这个推断的佐证，那就是在他被冤杀之后，百姓自发给他建立了祠庙以表怀念。

说回当下。人人皆有私心，司马玮这样做也有个人利益方面的考量，那就是想要由此巩固个人声威，与那两个老头子一决高下。

于是，矛盾不可避免地发生了。

司马亮和卫瓘认为司马玮年轻气盛，作风激进，在处理一系列军国大事时难以沟通，于是请朝廷剥夺他的兵权，命令他离开京城，回到自己的封国。虽然贾南风没有对此作出回应，但司马玮对那两个老头子已是怀恨在心。

在杨骏当权的时候，你司马亮做缩头乌龟，吓得要

---

① 比如"红顶商人"石崇"在荆州，劫远使商客，致富不赀"。

死，卫瓘你也是明哲保身，气也不敢吭一声，凭什么明明是我出力的事，你们却捡大便宜？捡便宜也罢，我做的饭菜，我自己怎么反而还不能上桌了呢？

不久之后的一个夜里，一个太监来到司马玮的府邸，鬼鬼祟祟地拿出了一封密诏，说司马亮和卫瓘有不臣之心，企图废黜当今天子，皇后惶恐不安，命令楚王出动禁军，捉拿司马亮、卫瓘。

从情感上来说，司马玮十分愿意拿下那两个讨厌的老家伙；但理智告诉他，此事关系重大，不应该轻率行事。稍微思索一番，他告诉来送信的太监，这事可以做，但他必须先入宫面圣。太监说，密诏，密诏，何为密诏？你入宫面圣的话，密诏还有什么密可言？

司马玮被说服了，于是他小心翼翼地把密诏收在怀里，然后传令出动禁军，捉拿司马亮和卫瓘。

从这一刻开始，事情失控了。

4

诏书只是说捉拿，并非杀死；但在当夜的混乱中，卫瓘竟然被人杀了。相比之下，司马亮的运气好很多，只是受了一些惊吓，但好歹保住了性命。

乌烟瘴气的打斗刚刚平息，更可怕的事情发生了——贾南风竟派遣一支小规模的军队来营救司马亮和卫瓘。司马玮一下子蒙了：抓那两个老家伙不是你贾南风的意思吗，怎么你现在又派人来救人呢？况且人已经死了一个，这还怎么救？

这边口口声声奉诏救人，那边口口声声奉诏抓人。两拨人马僵持不下，来救人的那伙人只好先回宫复命。

事情到这一步，司马玮感觉到哪里出了问题，好像自己掉进了一个可怕的圈套里，跟着他一起参与行动的禁军也感觉到了形势不对。当时是夏天，天气炎热，司马亮老迈体弱，连热带吓，在一旁哼哼唧唧，简直让人怀疑他随时会断气。一半出于怜悯，一半是为了博取他的好感，昨天夜里还对他恶脸相向的禁军纷纷围在他身边献殷勤，给他打扇解暑。

司马玮明白，一旦自己掉到沟里，司马亮非但不会伸出援手，反而会使劲吐口水、扔石头。反正已经死了一个，再死一个又有什么关系呢？在这种心理的驱使下，他决定杀了司马亮。

问题是，司马亮怎么说也是他的长辈，这事只能让别人做，他自己不能动手。于是他传令全军，谁能杀了汝南王，赏布千匹。重赏之下，将士们立刻收起那一丝出于功利的同情心，七手八脚地一哄而上，像宰猪一样宰了司马亮。

有些将官认为，事已至此，干脆杀进皇宫，废黜贾南风，但司马玮犹豫不决。此时此刻，他还想着当面锣对面鼓，跟贾南风把这事说清楚，为自己讨个公道。

可惜，他期望看到的局面终究没有到来，贾南风压根就不想见他。

5

次日凌晨，一个殿中军将官打着驺虞幡出宫了。

驺虞是一种传说中的猛兽，绘有这种猛兽的旗帜一般用来传旨解兵。

见到司马玮以后，这个将官宣称他目无朝廷，擅杀重臣，应当束手就擒。至于跟随他的那些禁军将士，朝廷不会追究他们的责任，但他们应该就地解散，立刻各回营房。眨眼间，禁军四散，司马玮被捕并被交付廷尉治罪。

经过一番走过场似的匆忙审讯，审判者一致认为司马玮祸国乱政，其罪当诛。

跪在刑场上，司马玮痛哭失声，掏出怀里的密诏对监斩官说："我是奉诏行事，对朝廷忠心耿耿，为什么会落到这般下场？我是先帝的骨肉，却受冤而死，希望以后能有人给我平反。"监斩官知道他是被人暗算了，但只能徒呼奈何。

223

司马玮的一生，就这样突然结束了。从走上人生巅峰到身首异处，中间只隔了短短两三个月。在整个八王之乱的过程中，他是第一个被处死的皇子。如果说他的死有什么历史意义，那就是它告诉了其他即将粉墨登场的野心家，没有什么人是不能杀的。

一代巨商
石崇

即使是对石崇了解不多的人，或许也听说过下面这个故事。

晋武帝的舅舅王恺曾与石崇斗富。王恺用糖水洗锅，石崇就把蜡烛当柴烧；王恺用紫丝布做四十里的步障，石崇就用上好的锦缎做五十里步障；王恺用一种珍贵的涂料刷墙，石崇就用另一种更为珍贵的涂料刷墙。晋武帝暗中帮助王恺，赐给他一棵二尺多高的珊瑚树，以为这是举世无双的珍宝。石崇却随手把它敲碎，随即命令仆人把自家所有的珊瑚树都搬出来，每一棵都有三四尺高。与之相比，晋武帝的珊瑚树简直不值一提。

这个故事记载在正史里，即使有所夸大，至少也反映了一个事实——石崇极其富有。我们好奇的是，他的巨额财富是怎么来的？对于任何一个明智的君主来说，臣下拥有巨额的财富都不是什么好事，但晋武帝为什么对石崇的富有无动于衷，还在幕后参加无聊的斗富游戏？

1

石崇的父亲石苞年轻时仕途坎坷，为了生存做过商人，没想到生意做得相当不错。石崇从小就对赚钱有强烈的兴趣，大概就是从他父亲那里继承的基因。

爱钱本身并不是错误，获取金钱的方式没有底线可就是大大的问题。石崇捞起钱来百无禁忌，什么手段都敢用，杀人越货也不在话下。

石苞是个成功的商人，但他在仕途上发迹并不是凭借财富，而主要是靠在魏晋易代之际押对宝，得到了司马氏的欢心。在他为司马氏卖力效劳的种种事迹当中，最让人印象深刻的，是曹爽权势熏天时，他就敢充当司马氏的打手，对曹爽的心腹发动政治攻击。

政客与奸商的思维往往是相通的，都以逐利为最高宗旨。虽然不能说石苞的言传身教与石崇的畸形财富观有必然联系，但要说它们毫无关联，恐怕也很难让人相信。

关于石崇的早年经历，历史记载不多，比较有趣的一则故事是，他年轻时某次与王敦到太学游玩，他看着孔门高徒颜回、原宪的画像说："如果我们也能跟着孔子学习，应该也会跟他们一样，被人把画像挂在这里吧？"颜回、原宪是穷处陋巷而矢志苦学的楷模，跟爱财如命的石崇显然不是一类人。所以，毒舌的王敦听到这话很诧异，开了一个不太友好的玩笑："我不知道你跟孔子的其他弟子比怎么样，但我觉得你跟善于敛财的端木赐很像。"石崇说："读书人名利双收是理所应当，像颜回、原宪那样苦哈哈地做道德楷模，有什么好称道的呢？"

很明显，做大官、发大财，就是石崇的人生志向。

石苞很早就注意到儿子在敛财方面的非比寻常，以致临终分家产时，他把家产都分给了别的儿子，没有给石崇分一分钱。石苞说石崇虽然小，但他以后能赚到的钱不可估量。

石崇是个很虚荣的人，喜欢附庸风雅，如果生活在这个时代，他或许会出版一本心灵鸡汤式的自传，在其中夸大石苞临终分家产这个细节，说能拥有富可敌国的财产，完全是自己奋斗的结果。这样一本自传定能使无数一无所有的奋斗青年热血沸腾，做起白手起家的美梦。

但事实上，从古到今，家资巨万的大富豪往往都有常人难以拥有的起家跳板，而石崇就是这样的人。他的起家跳板是，他的父亲石苞因协助司马氏开国有功而成为西晋开国元勋。

换句话说，尽管石苞没有给他留下什么财产，但开国元勋之子的身份就是一笔很有价值的非物质遗产。

2

魏晋年间，做官特别讲究出身。石苞虽然是开国元勋，但出身不是很好①，这也就决定了石崇的仕途起点不

---

① 石苞早年在南皮（今河北省南皮县）做过不入流的小吏。魏晋年间做官很讲究出身，世家大族里出来的人仕途起点通常比较高。石苞的起点这么低，由此可以推测到他的出身不是很好。

会很高。

不过，在早些年里，石崇对此并不是很在意，与做大官相比，他对发大财更有兴趣。

他的起家官，是凭借石苞的恩荫而得来的一个县令职务。与名门世家的子弟相比，这个职务有点寒酸；但是与许许多多削尖脑袋想挤进官场的寒门子弟相比，这个起点可以说是相当高了。

况且，做县令只是暂时的，石苞的出身再不好也是开国元勋，朝廷怎么也会给石崇一点特殊照顾。

出任县令不久，石崇就被调回京城，官位一再升迁，至晋武帝离世时已位居侍中，并且积累了堆积如山的财富。

按照历史记载，他的仕途这么顺利，是因为有才干。

如果把石崇当作一个商人或者文人，他确实有才干；但如果把他当作官员，那就未免让人疑惑，因为在他的任职履历里实在看不出他有什么政治才干。

考虑到魏晋士人品评人物时的浮夸，他的才干有多大的水分很难确定。相比之下，我们更愿意相信，他仕途顺利主要是因为开国元勋之子的身份。

在九品中正制的框架中，侍中是个瓶颈，属于三品官。出身很差或者一般的人，基本爬不了这么高；出身相对比较好的人，爬到这里也就差不多到头了；出身特别好的人，才有可能突破这个瓶颈，继续往上走。这三类人当中，石崇属于第二种。

出身上的缺陷，并不是绝对没有办法弥补，哄抬名声就是办法之一。而在哄抬名声的种种操作方式中，舍得花钱就有比较强的可操作性。

此时的石崇已经是西晋王朝数一数二的大富豪，对发大财的兴趣不再像年轻时那么强烈，人生的经营重心发生偏移，开始向做大官的方向奔跑。

他那挥金如土的种种传闻，大多就发生在从他回到京城到晋武帝驾崩的这个时间段里。

以普通百姓的眼光来看，石崇就是个大烧包，有几个臭钱不知道怎么显摆才好。但是，评价事物得看立场，一个圈子里的狗屎，在另一个圈子里却可能是蛋糕。

在普通百姓看来，石崇花钱如流水的行为不人道且很张狂：我们没饭吃，都快饿死了，你有那么多钱却不赈济我们，而是一味挥霍，简直是毫无人性啊！

然而在门阀士族的圈子里，石崇的张狂却有可能被视为优雅的名士做派，甚至有一种视金钱如粪土的魅力。

那个时代的上层社会与下层社会割裂得就是这么厉

害，生活在同一片土地上，却如同生活在两个不同的星球上，生活方式和观念很难兼容。

在一定程度上，石崇达到了目的，在士族圈子里为自己争取到了一些好名声。但他的仕途并没有什么进展，不是因为钱没花够，而是上流社会的门第观念太重，这道壁垒不是仅靠金钱就能打穿的。

晋武帝驾崩后，司马衷继位，杨骏篡改遗诏，独揽大权。随后，贾南风利用二桃杀三士的毒计，一一诛灭竞争对手，成为西晋王朝事实上的女皇。

既然金钱难以打穿出身的壁垒，那就只能借助其他手段。

朝廷里发生凶险的政治斗争时，石崇敏锐地嗅对风向，把筹码都压在了贾家这一边。在他的从政履历中，这或许是他唯一一次表现出"政治才干"。

贾家胜出后，他又紧紧抱住贾谧的大腿，在豪华的别墅金谷园里组建了所谓的"金谷二十四友"，尊奉贾谧为文坛盟主，在纸醉金迷中畅谈诗和远方。

通过对贾谧的谄媚，他的付出终于得到回报。

在贾家主政的十年里，他突破仕途瓶颈，职务一再升迁，做到了二品官，成功地实现了发大财、做大官的梦想。如果贾家执政的时间再长一点，或许他还可以官居一品，成为朝廷里权势熏天的大鳄。

可是，在公元300年，因为赵王司马伦的叛乱，贾家大厦倾倒。随着贾家的覆灭，他被推到了刑场上，苦心经营半生而得到的财富、官爵也全都化为乌有。

3

石崇的一生始终围绕着名利打转，没有什么为国为民的远大志向，是一个非常庸俗的人。但一个无须争辩的事实是，在世间熙来攘往的芸芸众生当中，以我等眼中唯有名利的俗人居多。对于石崇这种曾经拥有巨额财富的人，我们难免想从他的发家致富经历中汲取一点经验。

尽管向古人汲取发家经验听起来很荒唐，但在现实生活中，这样做的可是大有人在。有人学曾国藩、李鸿章，甚至有人学司马懿。

在没有继承到物质遗产的前提下，石崇的巨额财富是通过什么方式得来的呢？

如前所说，石崇的身份很特殊，是开国元勋之子。

按照晋制，官位越高，占据的土地和荫客就越多。尽管石苞临终没有给石崇留下物质财产，石崇的起家官只是县令，但县令再小也是官，这使得石崇天然地拥有一定数量的土地和荫客。

回到洛阳之后，石崇仗着石苞的恩荫，按部就班地升迁，被赏赐的土地和荫客自然会跟着水涨船高。也就是说，因特殊身份而拥有的天然红利，是石崇巨额财富的第一个来源。

石崇参加过平吴之战，在这次战争中，很多人劫掠了大量财产。石崇如此贪财，面对俯拾皆是的战利品时，双手自然也不会干净。

天下统一后，晋武帝论功行赏，赏赐手笔之大令人瞠目结舌。石崇被封为安阳乡侯，当然也会得到一笔价值不菲的物质赏赐。

秦、汉两朝都对商人设置过严厉的管制措施，经商比较丢人，商人备受歧视，与政客的地位有天渊之别。在三国混战的时代，出于互通有无的需要，有的政权对商人的管制有所松弛；但商人依然是二等公民，至少在明面上，政商一体的人非常罕见。而西晋开国之后，政客经商不再见不得人，许多政客本身就是商人。凭借手中的权力，政商一体的人当然要比一般商人更有竞争力，更方便攫取财富。

石崇拥有多处庞大的不动产，占地千亩的金谷园就是其中之一。园中有粮食作物、药材、水产、畜群，甚至还有酒庄、磨坊、砖瓦窑等。[①]同为"金谷二十四友"之一的潘安也有自己的庄园，但产出仅够家庭消费，与堪称洛阳城商业中心的金谷园相比，简直不值一提。

或许，石崇还曾利用职务之便，插手名义上必须由官方专营的炼铁生意。[②]

更为过火的是，贾家执政期间，石崇在南方某行政区出任最高行政长官时，还曾派遣官兵明火执仗地打劫往来行商，杀人越货。

综上所述，石崇的财富来源主要有四个：依靠开国元勋之子的身份带来的天然红利、战争财富、利用政商合一的身份攫取的财富、不受律法限制的抢劫。

我想，在现代社会，依靠这四种方式发家是无论如何都行不通的，因此想从石崇的发家史里汲取经验当然也是不可能的。

---

① 《晋书》卷三十三记载："有司簿阅崇水碓三十余区，苍头八百余人，他珍宝货贿田宅称是。"水碓是士族加工粮食的磨坊，水碓越多，说明士族占有的土地越多；苍头是士族占有的劳动力。另据石崇《金谷诗序》记载："有别庐在河南县界金谷涧中，去城十里，或高或下，有清泉、茂林、众果、竹柏、药草之属……莫不毕备。又有水碓、鱼池、土窟，其为娱目欢心之物备矣。"

② 炼铁在古代是官营生意。石崇曾两次担任卫尉，据《通典》卷二十五记载，"晋（卫尉）银章青绶，五时朝服，武冠，佩水苍玉，掌冶铸"。以石崇的贪婪，不利用职权插手炼铁生意似乎不太可能。

4

脱离历史背景谈某个人的成败得失是没有意义的，说完石崇的个人"奋斗史"，我们再把他放到相应的历史背景里来审视一番吧。

在封建社会所有的朝代里，开国元勋的子孙基本都能享受到某些天然红利，在战争中通过劫掠积累财富也不是什么稀罕事。在这两方面，西晋王朝并没有什么特殊性，它"变态"的地方，在于允许石崇这类"红顶商人"的存在。

为了巩固农业基础，西晋朝廷其实颁布过压制商人的律令，但针对的只是一般的商人，而不是官商。为什么西晋朝廷对商人区别对待？或者说，为什么它对具有官员身份的商人网开一面呢？

一个不需要作解释的常识是，战乱的年代往往会出现通货膨胀的问题，货币本身的价值会大大缩水，粮食、布匹之类的东西会成为更有价值的硬通货。这也就意味着货币流通速度会放缓，大量贬值的货币会暂时退出流通领域。

在正常情况下，战乱结束后，新政府需要发行新币，回收旧币，重新稳定币制，可是西晋朝廷并没有这样做。因为在战乱的年代里，士族手里积压了许多货币，改革币制必然会触动他们的利益。司马氏坐在窃来的皇位上，底气不足，怎么会有改革币制的勇气与实力呢？既然旧货币还可以用，士族自然而然就会把它们拿出来投入流通领域。

司马氏的江山是在士族的默许下篡来的，自己做贼心虚，在皇位上坐得不踏实，当然要投桃报李，给予士族阶层种种特权。允许他们经商就是给他们的特权之一。

一般而言，在封建社会里，一个新朝代创建之后，应该经过比较长的农业恢复期，商业经济才能发展起来。但因为特殊而扭曲的历史条件，西晋统一天下不久就出现了泡沫经济似的商业繁荣。在熙熙攘攘的市场上，币制非常混乱，流通的既有两汉的货币，也有魏、蜀、吴的货币；不同类型的货币换算时，有时甚至不是看货币本身的面值，而是直接上秤，论斤论两地流通。[①]

由此，我们也就不难理解，为什么当时会出现士族因为怕钱受潮而晒钱那样的怪事。

在那样的社会背景下，石崇能赚取巨额财富，固然是因为他有商业头脑；但更为重要的，是他赶上了"好

---

① 详见朱安祥的《魏晋南北朝货币研究》《"十朱"钱小考——两晋货币流通之一侧面》，以及刘玉宏的《曹魏西晋时期洛阳商业经济研究》。

时代"，享受到了滋滋冒油的政策红利。

5

除了官员、富豪，石崇的另外一个身份是文学家。

中国历史上的每一个大一统王朝，基本都有招牌文学，比如汉赋、唐诗、宋词、元曲、明清小说。西晋差劲得很，政治建设和经济建设乏善可陈，文学建设上也没有什么拿得出手的硬菜，不过是对汉代文学的修修补补，能称得上文学家的人也没有多少，且大多集中在石崇的金谷园里，比如潘安、左思、陆机、张载……

石崇的传世作品不多，大致可以分为四类。

第一类是为朝廷歌功颂德的作品。这类作品言辞夸张，令人肉麻，只怕是被吹捧的人读这些作品时也会不好意思。

第二类是与友人的唱和之作。这类作品比较缺乏真情实感，很难说石崇所言几分是真心话，几分是场面话。

第三类是言志作品。我们常说人如其文，只是这些说法其实并不怎么靠谱，因为人和文往往并不能画等号，有时候甚至是相反的。

不过，在言志作品中，石崇倒是做到了直面自己的内心，并不掩饰对发大财、做大官的追求。描述某些具体的场景时，他不无得意地炫耀生活的奢侈；即使是在

237

畅想归隐生活的作品中，他理想的归隐生活也是纸醉金迷的。

可是，归隐有可能吗？树大招风，石崇何尝不知道要想继续拥有巨额财富和高高在上的爵位，就必须与贾家结成命运共同体。可问题是，权势熏天的贾家正在渐渐成为众矢之的，谁知道它的风光能持续到什么候呢？

大概就是出于对未来的忧惧，石崇在第四类咏史作品中表达出了内心的惶惑感。特别是在一首感慨王昭君际遇的诗文中，他绘声绘色地描述了王昭君身不由己、朝不虑夕的凄惨状况。在他流传至今的四类诗文中，也以这首诗的情感最为饱满、动人。

王昭君的结局很悲凉，悄无声息地死在了他乡，但好歹是病故，而石崇的结局显然要惨很多。

公元 300 年，赵王司马伦发动政变，权倾朝野的贾家覆灭，曾经依附于贾家的帮凶、帮闲也树倒猢狲散。

据历史记载，石崇被杀是因为不肯将宠姬绿珠让给司马伦的智囊孙秀。后世不知道有多少文艺工作者以此为素材，歌颂绿珠的坚贞以及她与石崇动人的爱情。然而，这应该只是文艺工作者们一厢情愿的想象。

在凶残的党争中，贾党的小喽啰或许还有被赦免的可能；但作为贾党的中坚，石崇活命的可能性微乎其微。绿珠不过是司马伦抄灭石家的一个借口。

且看石崇临死前的表演吧——

凶狠的甲士将要抓捕石崇时，石崇对绿珠说："我是因为你才落到这一步的啊！"然而绿珠再受宠爱也只是一个歌舞伎，在石崇眼里，歌舞伎只是玩物，连人都算不上。当年尽享荣华富贵时，他可是在酒宴上做过杀歌舞伎助兴的狠人。在落入囚笼之前，他对绿珠抛出去那么一句话，口气绝不是不舍、哀婉，而是歇斯底里的狠毒。

这种心情，就像商纣王自焚时穿上心爱的宝衣，宁可将曾经拥有的毁灭，也不让别人享用。

绿珠跳楼自杀后，石崇说："我再有罪，也不过流放而已。"显然，说这句话的时候，他还没有意识到等待自己的是什么。绿珠的死非但没有使他难过，反而让他觉得满意，因为还有余温的尸体满足了他扭曲的占有欲。等到囚车驶出府邸，来到洛阳东市刑场上，他才明白自己真正的死因——"奴辈利吾家财"。

改朝换代是需要花钱的，真正将石崇推上绝路的，正是他引以为豪的巨额财富——司马伦需要利用他的钱充实国库、赏赐党羽。所谓争夺绿珠，不过是孙秀抄灭石家的借口，即便没有绿珠，也会有赤珠、橙珠、黄珠、青珠、蓝珠、紫珠。石崇的死没有什么可惜的，他只不过是一个因为后台崩溃而覆灭的红顶奸商。

在封建社会里，因为后台的崩溃而覆灭，应该也是石崇这类"红顶商人"的宿命吧。

哦，对了，石勒曾经也是个商人，不过是那种把鞋走破才能挣点儿蝇头小利的小商贩。

夹缝中的重臣
张华

公元 300 年暮春的一个深夜，洛阳城发生兵变，赵王司马伦推翻权倾朝野的贾家，当夜在太极殿前大肆屠杀贾家党羽。年近七十的宰相张华，也在引颈待戮的人群中。

据说，人在临死前，一生的无数个片段会在脑海中飞速闪现。如果这是真的，张华多半会想到自己的少年时代。那时候，他以为自己有光明的未来。

1

张华出身于寒门，年少时当过放羊娃。

如果不了解时代背景，我们很容易把他当成寒门出贵子的典范；但那个时代所说的寒门，与如今所说的寒门，是两个不一样的概念。

如今所说的寒门，指的是穷人家；而魏晋年间所说的寒门是士族，只不过处于士族底层。①

寒门所处的位置容易让人对未来充满憧憬，因为在士族的结构中，没有比它更低的位置，理论上就拥有巨

① 九品中正制的发展是一个动态的过程，西晋处在从九品中正制演变成门阀政治的过渡阶段，而在此后的东晋十六国以及南北朝年间，随着各方政治势力的消长，时人对士族的看法更是千差万别。投射到现代的学术研究中，造成的问题就是人们对寒族、庶族、素族的认识很不一致，甚至就连究竟什么是士族，学界也有很大的分歧。有人认为寒门并非士族，有人认为寒门也是士族，只是处于士族下层，此处从后者。

大的上升空间；但也容易让人悲观沮丧，因为寒门出身的人在实际官场中并没有太大的上升可能，做个芝麻官都难。

然而，哪个少年人不觉得自己前程似锦呢？

在做牧羊人的岁月里，张华相信自己的未来是光明的，他积极地为入仕作准备：一边努力学习文化知识，一边在当地的士族圈子里刷好评。

对想入仕的寒门子弟而言，这是最为常规的做法。出身好一点的人却不屑于这样做，因为寒门子弟累死累活才能做到的事，他们借助父辈的影响力或者家族之间的裙带关系轻而易举就能做到。而且，越是高门大族扎堆的地方——比如京城——寒门子弟就越难有出头之日。比如左思，在京城混了一辈子，也没有混出什么名堂。

在正常情况下，张华的仕途应该很坎坷，不过，凡事都有例外。

张华籍贯范阳方城（今河北固安），该地在西晋年间属于边疆地区，当地能排上号的士族在洛阳却地位一般，某种程度上这些士族跟寒门子弟有心理共鸣。加上边疆地区的事情比较多，当地的士族比较务实，今天打仗，明天征调粮草，后天安抚请求归附的少数民族……圈子里的风气没有京城那么虚浮，选拔人才的时候比较看重能力。

我的意思并不是说范阳有多么干净，而是说相对而言，这里的政治生态对张华这样的寒门子弟比较友好。当然，打铁还需自身硬，寒门子弟要想阶级跃升，除了需要比较有利的大环境，还得依靠自己的奋斗。

张华秉性纯良，有比较高的道德追求，不需要打造人设就能在方城的士族圈子里得到好评。更加令人惊讶的是，他记忆力超群，过目不忘，知常人所不知，闻常人所不闻，再复杂的道理也能讲得浅显易懂，妙趣横生。

发展落后的地方，出人才的概率本来就低，出现张华这种高端人才的概率更是微乎其微。于是，在当地人的惊叹中，范阳本土士族毫不意外地注意到了张华的存在，一个颇有声望的官员还把女儿许配给了他。

因为爱才之心和桑梓之情，范阳士族对他大加宣扬，使得京城的上流社会也知道了关于他的种种传闻。阮籍读了他的《鹪鹩赋》之后更是不吝赞美。

阮籍是京城士族圈子的核心人物，一赞值千金，经他一夸，张华声名大噪，没过多久就顺利入仕——不是从地方官做起，而是直接做京官。

公元 265 年，司马炎与曹魏末代皇帝正式进行皇权交接时，当年的牧羊少年已经是司马炎身边的高级秘书了。这一年，张华才三十四岁。在那样一个看重门第出身的年代，他的升迁速度如此之快，说是奇迹一点儿也不为过。

仕途这么顺利，张华没有理由不相信自己拥有更好的未来。

2

魏晋南北朝盛产家谱，很多士人都说自己有了不起的祖宗，有些人认祖甚至能认到尧舜禹时代。张华也有家谱，他常说自己是西汉开国元勋张良的后人。只是不好说这是事实，还是对时代风气的"尊重"。

进入朝廷之后，张华表现得很活跃，司马炎也对他非常器重。一方面，是因为他是个非常出色的学者，脑袋里装满了形形色色冷门而有趣的知识，能够满足司马炎的好奇心；另一方面，是因为他坚决支持司马炎消灭吴国，统一天下。

咸宁五年（279），在以张华为首的少数伐吴派成员的支持下，政治形象向来比较孱弱的司马炎一反常态，强硬地发动了伐吴之战。[1]

---

[1] 晋武帝司马炎伐吴统一三国，背后有复杂的政治考量和复杂的派系纷争，但没有疑问的是，张华属于坚定的伐吴派。读者如有兴趣了解更深层的历史背景，以及张华在伐吴过程中的作用，可参考仇鹿鸣《魏晋之际的政治权力与家族网络》第四章第二节"齐王攸问题的再检讨"。

消灭孙吴政权后，司马炎论功行赏，张华被封侯，得到了一笔丰厚的物质赏赐。出于对他的赏识和信任，司马炎还把为大一统王朝制定律令、礼仪的任务委派给他。在他最受宠的时候，朝廷的诏书、诰令也大多出自他的手笔。以至于许多人认为，在不久的将来，他必然能担任宰辅。

在司马炎主政的时代，张华仕途上充满了高光时刻。

司马氏其实对统一天下并不是很有兴趣。司马昭当年伐蜀，是为了抵消弑君造成的负面政治影响；司马炎强硬地发动伐吴之战，则是为了压倒与司马衷争夺皇储之位的齐王。

作为司马炎的左膀右臂，张华理应对君主的心思了如指掌才对；但他对伐吴之战有自己的看法，认为消灭吴国是大势所趋。或者说，司马炎发动灭吴之战是出于私，而他强烈地支持灭吴是出于公。彼此之间的亲密合作建立在初衷不一致的基础上，这也就注定了他们的亲密合作不会长久。

吴国灭亡后，齐王的势力江河日下，越来越多的人改变立场，变成了司马衷的支持者。可就在政治风向已经这么明确的时候，张华依然立场鲜明地支持齐王。

他在仕途上的飞速升迁，早就引起了高等士族的不满。于是，以此为契机，在高等士族的撺掇下，司马炎再也忍受不了他一再唱反调的行为，用一纸诏书把他打发到了幽州。

入仕以来，这是张华第一次遭到打压。

据历史记载，他镇守幽州的那几年里忠于职守，政绩卓越，周边向西晋臣服的部族有二十多个，曾经在边疆蠢蠢欲动的慕容鲜卑，就是其中之一。

如此兢兢业业，固然与张华追求建功立业的个人志向有关，但从某些方面来说，这也是一种无奈的选择。因为他在朝廷没有强有力的援手，只能用出色的政绩证明自己有重回中枢的价值。

他那出色的政绩是朝廷忽略不了的，所以司马炎后来将他召回京城，有过重新起用他的念头。但在高门大族的阻挠下，他只是被留在京城主持礼仪性的日常事务。他所任的太常这个职位很有荣誉感，但是实权有限。

在高门大族的游戏圈里，怎么能容忍寒门出身的人占据显要的位置呢？

这个游戏规则，连贵为君主的司马炎也得尊重。

3

永熙元年（290），司马炎驾崩。这一年，张华五十九岁。

人到这个年龄，基本对未来就没有太大的执念了。虽然没有位极人臣，但作为出身于寒门的人，与千千万万仕进无门的寒门子弟相比，张华这一生的仕途还是比较顺利的，能拥有现有的成就也是比较令人满意的。

然而，命运难以预料，它还有一份送给张华的大礼，只是这份礼物放在断头台上。

司马炎驾崩不久，杨骏篡改遗诏，独揽大权。篡改遗诏本来应该是极其隐秘的事，但杨骏没有与野心匹配的能力，把这种事做得几乎尽人皆知。连他的亲属也刻意疏远他，认为他没有把持朝政的能力，难免会玩火自焚。亲人尚且如此，别人的态度可想而知。

因为不肯依附杨骏，张华被降职，担任太子司马遹的私人教师。

不久，皇宫发生政变，楚王司马玮夜袭杨府，诛杀了杨骏及其党羽。事后，在商议如何处置太后杨芷时，贾南风主张将杨芷贬为庶人，张华则提议只废太后名号，依然称武皇后。

明面上，这只是看法上的一点分歧，但我认为事情没有这么简单。贾南风主张把杨芷贬为庶人，应该是试图独揽大权的一次试探，想借此机会看看大臣们的反应；

张华主张只废除杨芷的太后名号，则是察觉到了贾南风企图牝鸡司晨的野心，想予以阻止。也就是说，张华此时的立场与贾南风并不一致。

不久，动乱再次发生，直到楚王司马玮被处死，大权落到贾南风手里，动乱才暂时画上句号。

如果我们相信历史记载，那么，在第二段动乱中，张华站在了贾南风这一边——在司马玮"矫诏"当天，是他出谋划策，利用驺虞幡退散禁军，协助贾南风诛杀司马玮。

为什么时间相隔如此之短，他的立场就发生这么大的转变呢？

在八王之乱后期，人们杀红了眼，杀几个亲王如同砍瓜切菜一样稀松平常。但此时一切还尚未发生，司马玮是西晋开国后第一个被处死的亲王。

正因为没有先例，在关于司马玮的问题上就需要格外谨慎，多说话不如少说话，少说话不如不说话。反过来说，一旦在这件事上贴近贾南风，就很容易被她绑定。

以张华的头脑，不可能看不到附和贾南风的潜在风险，他也不是那种趋炎附势的人。既然如此，他为什么在如何对付司马玮的问题上，与贾南风走得那么近呢？

一种令人毛骨悚然的推测是，所谓提醒注意防范司马玮、设计退散禁军，是贾南风在诛杀司马玮之后所作的单方面解释，目的就是把张华套牢。因为，在她书写的政变剧本中，非常需要一个像张华这样的人做主角。

4

贾南风把持朝政的那十年，西晋王朝总体上比较和平。

在张华本传里，史官说出现这种局面是张华的功劳。但令人疑惑的是，同样是在这篇传记里，史官又说他在这十年里没有什么大作为，只是"弥缝补阙"。

更加让人费解的是，在贾南风族兄贾模的小传里，史官说那十年里比较和平是贾模的功劳。

那么到底是谁的功劳呢？

历史上操持大权的人，大多数都有醒目的历史印迹，比如作过什么重大决策、举办过什么重大活动、部署过什么重大战争、怎么在政坛上翻云覆雨……如果说那十年和平全是张华的功劳，那他应该留下显眼的印迹才对。

按史官的说法，贾南风与张华在那十年里的合作很顺利，贾南风对他一直很敬重。张华并不是缺乏进取心的人，照常理，贾南风那么敬重他，他应该大有作为才对。可在那十年里，他低调得出奇，并没有留下显眼的印迹。

在个人生活上，他也非常低调，死后家无余财，只有许多藏书。

相比之下，颇有政治才能的贾模倒更像是操持大权的人。虽然他的小传只有一两百字，但权臣形象跃然纸上——政由己出，独断专行，党同伐异，家资巨万，朝野侧目。

说到这里，我们似乎可以推断出一个结论——那十年和平大概是贾模的功劳，史官在张华的传记里出纰漏了，前后没对应上；在那十年里，张华所起的作用应该就是"弥缝补阙"，协助贾模处理朝政。

自然，这就得牵出另一个问题——贾南风为什么请张华入居中枢？

高门大族出身的人，一旦掌握住比较大的权力，往往会通过盘根错节的门第关系巩固自己的势力，进而侵蚀皇权。

对于贾南风而言，中枢里的贾家人越多越好，外人越少越好。尽管朝廷里或许并不缺乏与张华的才干旗鼓相当的人，但张华的"优势"——出身于寒门——是别人没有的。正是因此，贾南风才在他晚年时请他入居中枢。

换言之，贾南风请他入居中枢，不是为了让他在治

251

国理政上大有作为，而是为了利用他出身上的"优势"，来充当屏护贾家权势的防火墙。

对张华来说，因为出身上的劣势而在晚年得到这样的地位，可真是一个黑色幽默。

一些值得推敲的历史细节显示，在那比较和平的十年里，张华与贾南风的合作或许并不是很顺利。

比如，贾南风屡屡赐予他丰厚的奖励，甚至赐予他开府仪同三司的特权，他却一再恳请贾南风收回成命，曾创下连续十多次拒绝接受赏赐的纪录。

从表面上看，上下和睦，其乐融融，皇后知道礼敬重臣，重臣懂得礼让谦退；但仔细琢磨一下，其中的意思耐人寻味。焉知贾南风屡屡给予赏赐不是为了把他绑死，他一再拒绝赏赐不是为了与贾南风保持距离呢？

他被安上"党同贾家"的罪名处死后，很多人说他是冤枉的，并非贾家党羽。这也说明，他一直刻意保持着与贾家的距离，并且，这种距离是有目共睹的。

尽管贾南风把他放在那么高的位置上，不可能完全让他当摆设，不给他丝毫权力；但即便有权，门阀当道的大环境也不允许他有太大的作为。

在当时的政治生态里，占据官场高层的几乎都是高门大族中人，军国大事运行的轨道都由他们来设计。作为出身于寒门的人，张华在那么高的层级里，必然会缺乏同类，根本无力撼动高门大族的游戏规则。

他以喜欢提携新人而闻名，尤其喜欢提携寒门子弟以及在北方备受歧视的江东士族。从这个提携新人的偏向中，我们不难看到他在官场上的孤独感。可他对新人的提携只能在门阀大族许可的范围内进行，往往是把新人安排到职位比较低的文职岗位上，而不敢授予他们有实权的职务。

处于贾南风和门阀的双重限制中，除了修修补补，张华又能做得了什么呢？

5

公元 3 世纪末期，在那场撕裂中国的大动乱到来之前，权势过盛的贾家几乎引来了大臣们的一致不满；贾南风迟迟不肯让已经成年的太子司马遹参政，更是让贾家成为众矢之的。

天下没有不败之家，贾家失势是必然的，区别只在于它将会以什么方式下台。

是通过政变或者兵变，强行把它赶下台？还是说，作为司马遹名义上的母亲（司马遹不是贾南风的亲生儿子），贾南风明智一点，主动进行权力交接，制造母慈子孝的气氛，让贾家风风光光下台？

两种可能性当中，张华当然想要后者。辅佐贾南风的这些年里，他也一直在为权力交接作准备——向东宫输送了许多有德行或者有学问的人，希望他们把太子教育成理想的皇位继承人。但如今贾南风死死抱着权柄不撒手，让他很犯难。

无奈之下，他只好寄希望于奇迹——未来某天，贾南风突然明白事理，同意进行权力交接。

张华能等待，可贾南风不能再等了，因为朝廷里请太子执政的呼声越来越高。于是，她背着张华，开始密谋废黜太子。

最早察觉到废太子阴谋的，是东宫的禁军武官。

通常情况下，一旦太子被废，东宫禁军就会被集体降职，或者被发配到边远地区。为了避免这种情况，他们决定发动兵变，把贾家赶下台，并推举一个武官暗中与张华联络，请他主持大事。

这个武官曾经被张华提携过，密谈时知无不言，将兵变计划和盘托出。张华同意保护太子，但是不同意以废黜贾南风的方式达到目的。

在他看来，不能废黜贾南风的原因有两个：一是晋朝以孝治天下，不能让太子背上不孝的骂名；二是"权戚满朝，威柄不一"，成功废黜贾南风的可能性很小，即使成功也会惹来灾祸。

第一个原因倒是其次，第二个原因才是让张华为难的地方，这也反映了他在政坛上的窘迫处境。因为他出身不好，位高而权小，废后这么大的事根本轮不到他出头。

如果强行挑大梁，他的结局无非就两种：一种是失败，被贾南风反噬；另一种是侥幸成功，但那未必是好事，因为那将会给他带来匡扶之功，满朝权戚不会允许他这种出身于寒门的人拥有那么大的政治能量。所以，即使侥幸成功，他十有八九也会被扣上以下犯上的帽子；或者被指责给太子带来了不孝的骂名，由此招来灾祸。

因此，张华最好的选择就是继续"弥缝补阙"，继续盼望奇迹。

不久，又有人策划了一起扑朔迷离的政变。

一种说法是，策划者是重臣裴𬱟，张华、贾模反对；另一种说法是，策划者是贾模，裴𬱟、王衍参与，张华对此毫不知情。他们计划废黜贾南风，改立太子生母谢才人为皇后，但计划最终因王衍泄密而流产。

两种说法都能成立，难说哪一个是唯一的答案。在这两种说法中，贾模都出现了，也都有出现的理由——为了维护贾家的权势，他可以反对裴𬱟；为了贾家的长远利益，防止家族被不知深浅轻重的贾南风拖下水，他也可以是废后计划的策划者。毕竟谢才人是从屠夫家庭出来的民女，在宫中毫无根基，立她为后既可以得到太子的谢意，也可以防范外戚干政。

相对应地，在这两种说法中，出身于寒门的张华都是配角，要不就是附和贾模，要不就是毫不知情，没有参与高门大族游戏的资格。

6

张华盼望的奇迹，终究没有到来。

在呼吁太子执政的声音一浪高过一浪的时候，为了继续独揽大权，贾南风逆流而动，竟然图谋以莫须有的谋反罪名处死太子。

大家都知道所谓的太子谋反另有蹊跷，只是迫于贾南风的淫威，很多人三缄其口，只有张华等人极力反对处死太子。

会议从早上开到黄昏，张华一直寸步不让。无奈之下，贾南风只好暂时后退一步，提议废黜太子；但没过多久，太子就被她的党羽打死在厕所里。

太子的位子不是不能换人，太子也不是不能杀，这样的事情在历史上不知道发生过多少次；但皇储的位置不能空着，走一个就得立一个。

不巧的是，司马衷就只有一个儿子，贾南风也没有生过儿子。所以，在司马遹遇害之后，立谁做皇储就是一个大问题。

司马衷的弟弟不少，从中选择一个做皇储，倒是解决问题的办法；但这容易引起皇储之争，贾南风也绝不会同意这样做。她废黜太子本来就是为了长期掌权，又怎么会在与自己没有血缘关系的人当中择其一呢？

太子被废是一桩尽人皆知的冤案，粗暴地杀死太子更是骇人听闻，想用这件事做文章的大有人在，根本就没有让贾南风从容确定太子人选的时间。

太子遇害后不久，赵王司马伦和他的亲信孙秀策划了“四三兵变”。

司马伦在官场的口碑很差，高门大族根本瞧不起他。有鉴于此，他盯上了寒门出身的张华，想用荣华富贵拉张华下水，但是被张华拒绝了。

司马伦并非聪明人，做事情不会考虑太多后果，只看重眼前利益。但这类人敢想敢做，不会像聪明人那样瞻前顾后，只等万无一失的时候才动手。

在与张华谈崩的当夜，司马伦就发动兵变，裹挟禁军一举拿下贾家，然后在太极殿前连夜处死了贾家的党羽。

张华被处决后，一个老朋友对着他的尸体哭着说："早劝你让位你不肯，如今果然遭受大祸，这就是命啊！"

从这句话来看，张华早就对自己的结局有预感，既然如此，他为什么不早点让位呢？

有人说，那是他贪权恋栈，心存侥幸，想以"弥缝补阙"的方式安度余年，觉得自己去世前应该不会发生灾祸。

这种可能性是存在的。他是寒门出身，即使贾南风赐予他的权势是缩了水的，那对他也有相当大的诱惑力。毕竟人无完人，他有贪权恋栈的想法也不足为奇。

可要说他完全是贪恋权势，那倒也未必。总体而言，他还是一个心怀社稷的人。让他完全置身事外，对危机四伏的时局无动于衷，他恐怕也做不到，就算是"弥缝补阙"，他也想为国家尽一点儿力。

或许，就是在这种模棱两可的心情中，他走到了人生的尽头。

最后，对张华的一生做一个简单的小结。

西晋年间，他是唯一一个出身于寒门而能位居宰辅的人，按当时的官场环境和他的出身，在司马炎驾崩的时候，他的仕途在礼仪官（太常）的位置上就应该到头了。但因为司马炎死后一连串的宫廷斗争，他的寒门出身反而阴错阳差地变成了仕途的助推器，把他推到了很高但也很尴尬的位置上。

如果说在司马炎驾崩之前，他的仕途大体上是一幕正剧，那么在司马炎死后，他的仕途就是一幕荒诞的惊悚剧。

司马伦处决他的时候，给他安排的罪名是"党同贾家"，可这只是个由头。

当初他位居宰辅时，司马伦想求官，他认为司马伦贪鄙，没有做高官的资格，所以驳回了求官之请。借着处决贾家党羽的机会公报私仇，应该才是司马伦杀他的真正原因。

从政治效果上来看，司马伦也需要处决一个高官来威慑其他人，使他们臣服。朝廷里很多人都有盘根错节的门户背景，杀别人的话，司马伦或许有所顾虑；但杀死一个像张华这种出身于寒门的人，他是不会有什么顾忌的。

总而言之，在那个年代，寒门出身的人，哪有什么光明的未来呢。

北地残灯

刘琨

很多人知道历史上有刘琨这个人，应该是因为成语闻鸡起舞。

对现代的我们来说，闻鸡起舞是个带有励志色彩的好成语，但在《晋书》中，诞生这个成语的情景却让人一言难尽。

1

刘琨，今河北省无极县人。

刘琨早年的生活有两种颜色，纸醉金迷的"金"，红罗粉帐的"粉"。

那时候的他多才多艺，善诗文，通音律，姿容风流，挥金如土，是名门大户争相援引的座上客。

《建康实录》说他从少年时代就"负志气"。看起来，英雄的光环似乎早年就已金光灿灿，浮华糜烂的生活并没有盖住他与生俱来的英雄气性。

然而，事实似乎另有蹊跷。如果说那时候的他与纨绔子弟有什么不同之处，那就是他有着强烈的功名心。与其说早年的他志向远大，不如说他功利心强烈。所谓的雄心壮志，不过是醉心于谋取富贵名利。

关于早年的刘琨，《晋书》作过一个尖刻的评价——"佻巧之徒"！

"佻巧"可不是什么好词儿。我们且来看看早年的他做了什么。

刘琨有一个哥哥，叫刘舆，兄弟二人从少年时代起就长袖善舞，善于钻营。为了出人头地，成为人上人，他们不惜抛弃读书人的节操，放低姿态，如同奴仆，屈事贾谧和贾南风，准确地说，是通过巴结贾谧来讨取贾南风的欢心。

贾谧——贾南风的外甥；贾南风——晋惠帝司马衷的皇后。

当时，以贾谧为中心，形成了一个名为"二十四友"的文学沙龙，因为常聚集在石崇的金谷园里，所以又被称为"金谷二十四友"。其中有富可敌国的石崇、三国名将陆逊的孙子陆机和陆云、美男子潘安、因《三都赋》而致"洛阳纸贵"的左思……

表面上，大家谈的是诗和远方；实际上，却都是为了富贵荣华而苟且于此。彼此心知肚明而互不拆穿，暗中彼此轻视，明处互相吹捧。

"金谷二十四友"，名为阳春白雪的文学沙龙，实为政治投机集团。

2

元康元年（291）春天，刘琨刚过及冠之年，西晋王朝发生了一场大动乱。由此，臭名昭著的八王之乱开始了。

这次动乱分为两个阶段：第一阶段从元康元年（291）的三月持续到六月，第二阶段从元康九年（299）持续到光熙元年（306）。

作为一千多年之后的旁观者，我们很容易知道元康元年（291）的春季动乱预示着什么。显然，它是一个危险而清晰的预警信号。问题是，当局者迷。我们知道的，当局者不知道。

从春季动乱结束到元康五年（295），大多数时间里，刘琨依然为了荣华富贵奔走于"二十四友"之间。或许，有时候，他也厌恶岁月虚掷，想与浮华而无聊的生活一刀两断，然后做出点儿事业来；但纸醉金迷的生活太诱人，他常立志而不能立长志。

元康六年（296），二十七岁的刘琨终于进入仕途，被朝廷任命为司州主簿。[1]

祖逖，就是他的同事。

祖逖的岗位与刘琨相同，也是主簿。在这个岗位上，可以接触到各地的民情报告、军情咨文，以及朝廷内部

---

① 刘琨生平考证的相关内容，见郑敏静硕士论文《刘琨的生平和创作探析》。

消息。凭借便利的消息渠道，他们终于嗅到了危险将至的气息，察觉到一场大风暴正在悄无声息地酝酿着。

于是，某天夜里，夜半鸡鸣牵出了一抹青史留名的历史剪影：

（祖逖、刘琨）中夜闻荒鸡鸣，（祖逖）蹴琨觉曰："此非恶声也。"因起舞。

古人视夜半鸡鸣为不祥的恶声，认为其预示着兵灾和祸乱。

在中国历史上，闻鸡起舞是一个有史诗感的画面，也是一个洋溢着英雄气质的画面，鼓舞人心，遒劲豪迈，每当外寇入侵，它就会成为催人奋进的鼓点。然而，在闻鸡起舞的那一夜，刘琨与祖逖立下的一个令人不安的誓言（如下），却让这个画面有些扭曲。

"若四海鼎沸，豪杰并起，吾与足下当相避于中原耳。"

谈到这个情节，《晋书》对祖逖的评价是：

闻鸡暗舞，思中原之燎火，幸天步之多艰，原其素怀，抑为贪乱者矣。

贪乱，即包藏祸心，巴不得天下大乱，好趁机兴风作浪。

在《晋书》里，那两个身姿矫健的舞剑英雄，居然一个是佻巧之徒，一个是贪乱之辈。

如果说刘琨早年间纸醉金迷的经历是"佻"，下面我们就来看看他是如何之"巧"。

元康九年（299），八王之乱的大洪峰终于呼啸而来。从元康九年到光熙元年（306），刘琨的所作所为简直不堪。

起初，他追随贾谧和贾南风；接着，司马伦诛杀贾家，执掌朝政，他改投司马伦；后来，司马冏击败司马伦，他改投司马冏；再后来，司马颖击败司马冏，他改投司马颖；最后，司马颖病逝，他改投东海王司马越。

按照我们对英雄的期望，刘琨应该在风暴袭来之际力挽狂澜，成为挽大厦于将倾的英雄。然而，他并没有按照我们设想的剧本来，而是追名逐利，随着权势中心的转移而屡次更换门庭，朝秦暮楚，几乎无节操可言。而且，每一次更换门庭，他都能步步高升。追求权势的手段如此高明，不可谓不"巧"。

佻与巧，刘琨一样都没落下。以此来看，《晋书》对他的评价并没冤枉他。然而，说到他的下半生，《晋书》却对他饱含崇高的敬意和深挚的痛惜之情。

3

光熙元年（306），八王之乱趋于平息，司马越成为最终的胜利者，立司马炽为傀儡皇帝，大权独揽。

同年[①]，刘舆举荐刘琨出任并州刺史。

考虑到刘琨出身于名门，与并州的当地豪强有着错综复杂的姻亲关系，便于治理并州，司马越同意了刘舆的提议。

并州，大致相当于现在的山西省中南部。

八王之乱的风波是平息了，西晋王朝也变成了一堆废墟。最要命的，是匈奴人刘渊趁着八王内讧而崛起，大有与西晋逐鹿问鼎的气势。

事实上，早在永安元年（304），刘渊就有异动，公然向西晋挑衅。被八王之乱折磨得心力交瘁的朝廷意识到了这股力量的可怕，却无力应对，只能任由刘渊坐大。

①《资治通鉴》卷八十六记载："（刘）舆说越遣其弟琨镇并州，以为北面之重。"司马光将刘琨出镇并州的时间定于306年。《晋书》卷六十二"校勘记"，也认为刘琨出镇并州的时间为306年，而非307年。

司马越此次任命刘琨出任并州刺史，主要目的就是让他抗击刘渊，安定并州，拱卫中枢。

光熙元年（306）十月，刘琨离开洛阳，奔赴并州。

涅槃之火开始熊熊燃烧，在灼灼火光中，纨绔子弟的皮囊被烧焦，英雄在痛苦而坚韧地脱胎换骨。

并州的治所（相当于省会）在晋阳（今山西太原西南）。

从洛阳赶赴晋阳途中，没有锦衣玉食，没有珍馐美酒，没有如花歌姬，没有管弦丝竹。

游目四顾，苍山荒凉，万壑沉寂，狐行鼠窜，长蛇蚰蚰，风急猿啸，落木萧萧，尸骨遍地，盗寇出没。

到达山西高平附近的丹水山之后，刘琨写下了长诗《扶风歌》。

朝发广莫门，暮宿丹水山。左手弯繁弱，右手挥龙渊。顾瞻望宫阙，俯仰御飞轩。据鞍长叹息，泪下如流泉。系马长松下，发鞍高岳头。烈烈悲风起，泠泠涧水流。挥手长相谢，哽咽不能言。浮云为我结，归鸟为我旋。去家日已远，安知存与亡？慷慨穷林中，抱膝独摧藏。麋鹿游我前，猿猴戏我侧。资粮既乏尽，薇蕨安可食？揽辔命徒侣，吟啸

268

绝岩中。君子道微矣，夫子固有穷。惟昔李骞期，寄在匈奴庭。忠信反获罪，汉武不见明。我欲竟此曲，此曲悲且长。弃置勿重陈，重陈令心伤！

成为英雄的道路注定是荆棘遍布、举步维艰的，这首长诗正是他复杂心情的写照。

长诗开头，他夸张地说早上从洛阳北门出发，晚上就到了丹水山，并把自己描写成了一个佩带着宝剑良弓的将军，一副踌躇满志的派头。但是他又说自己舍不得离开洛阳，行程中屡次回望，泣下沾襟，沿途触目惊心的荒凉景色更勾起了他对洛阳的留恋和回忆。

说到在丹水山下夜宿的场景，他悲哀地说，这里的野兽根本不怕人，麋鹿在我面前大摇大摆地经过，猿猴在我面前肆无忌惮地嬉戏，我带的干粮吃完了，只能采集野菜，然而野菜又是如此难以下咽。他以穷且益坚的君子自比，又担心自己出战无功，像汉朝的李陵那样被朝廷猜忌迫害。末了，他凄然长叹——这些话就说一遍吧，说多了都是泪。

到达长治附近的壶关之后，他给朝廷上了一封奏折，题为《为并州刺史到壶关上表》，几乎字字血泪。

臣以顽蔽，志望有限，因缘际会，遂忝过任。九月末得发，道险山峻，胡寇塞路，辄以少击众，冒险而进，顿伏艰危，辛苦备尝，即日达壶口关。

　　臣自涉州疆，目睹困乏，流移四散，十不存二，携老扶弱，不绝于路。及其在者，鬻卖妻子，生相捐弃，死亡委危，白骨横野，哀呼之声，感伤和气。群胡数万，周匝四山，动足遇掠，开目睹寇。

　　唯有壶关，可得告籴。而此二道，九州之险，数人当路，则百夫不敢进，公私往反，没丧者多。婴守穷城，不得薪采，耕牛既尽，又乏田器。以臣愚短，当此至难，忧如循环，不遑寝食。臣伏思此州虽云边朔，实迩皇畿，南通河内，东连司冀，北捍殊俗，西御强虏，是劲弓良马勇士精锐之所出也。当须委输，乃全其命，今上尚书，请此州谷五百万斛，绢五百万匹，绵五百万斤。愿陛下时出臣表，速见听处。

　　其中，他不再抱怨舟车劳顿，也不再倾诉旅途之苦。

　　我们可以清楚地看到，他自己消失了；或者说，浴火的英雄正在痛苦地重生 —— 他不再关心自己的得失，而是开始感慨苍生罹祸，黎民悲苦。

　　他说，这一路走来，所见情景令人触目惊心。到处兵连祸结，尸骨盈野，灾民流离失所，十室难存其二，路边哀号声不绝于耳，苟延残喘的人生不如死，几乎到了易子而食的地步；敌人漫山遍野，动不动就掳掠打劫。并州虽说是边疆，但是离帝都很近，危险就在睡榻之侧，陛下万万不可掉以轻心。此外，他还请求朝廷赈济壶口灾民。

刘琨经历过血腥的八王之战，遍地尸骨的场面早已司空见惯。同样是千里无人烟的惨象，为什么他之前视若无睹，现在却痛心疾首呢？

这是因为在刘琨看来，此前的战争都是内战，而眼前的战争则是外侮。

我们要知道，在西晋崩溃之前，中原百姓从来没有遭受过大规模的外侮，这是破天荒的一回。所以，对于刘琨的震惊和痛苦，我们并不难理解。

4

光熙元年（306）深冬，风尘仆仆的刘琨终于来到了残破不堪的晋阳。

西晋朝廷虽然委任刘琨为并州刺史，却基本没有给他什么支持。

根据《晋书》记载，随同他开赴晋阳的军队是他自己招募的，只有一千多人。《资治通鉴》的说法有出入，说是五百多人。就算是后者，当他边走边战，到达晋阳的时候，还能剩下多少人呢？

当年，局势还没有发生大动荡的时候，晋阳也是人烟兴盛的通衢大邑。

经过战乱的洗劫，映入刘琨眼帘的，是一座青草没膝的废墟，豺狼虎豹明目张胆地行走于大街上，好像这里本来就是它们的乐园。骨瘦如柴的饥民反而像不敢见人的野兽，躲在废墟和草丛里，狐疑而恐惧地看着忽然出现的这支衣衫褴褛的军队。

在烽火连天的岁月里，官兵与强盗早就没有什么分别，百姓已经被吓怕了。

刘琨的治理很有成效，不到一年的时间，晋阳就人烟复兴、鸡犬相闻，民众纷纷向这里涌来。然而，危险也是存在的，刘渊政权中心所在的离石，离晋阳只有短短三百多里（一百五十千米），敌人随时都有来犯的可能。

事实上，在这不到一年的时间里，敌军曾多次进犯，晋阳军民经常和匈奴人在城门下展开激烈的拉锯战，老百姓出城耕种时甚至需要背着弓箭和盾牌。

永嘉元年（307），也就是刘琨来到晋阳的第二年，凶猛的刘渊又发动了一次声势骇人的猛攻，占领了隶属于并州的许多地方，就连晋阳也被匈奴大军重重包围。刘琨坐困愁城，内外无援，百般焦灼，万般无奈。敌军抱着志在必得之心而来，他却只能抱着终有一死之心应对。

某夜，刘琨登上摇摇欲坠的晋阳城头，在如水月色中吹奏胡笳，匈奴大军闻悲切之声，流泪唏嘘，怀念故土，思乡之情大盛，于是连夜撤围。

据《晋书·刘琨传》记载，这一战之后，为了安定晋阳，刘琨成功地离间分化了刘渊的军队，把一部分敌军变成了自己的兵力。刘渊甚为恐惧，于是在永嘉二年（308）把国都从离石迁到了临汾附近的蒲县。

再看《晋书·刘渊载纪》，同样的事情却是另外一种面目——刘渊迁都并不是迫于刘琨的压力，而是为了实现战略重心转移，集中精力与洛阳的西晋朝廷争夺天下，不愿把太多的注意力耗费在晋阳。

永嘉三年（309），刘渊派遣其子刘聪攻打长治以及长治附近的壶关，刘琨派兵救援，被刘聪击败，壶关失守。

自此，匈奴人以并州东南部为基地，向洛阳发动猛攻。洛阳朝廷给予刘琨的支援本来就是杯水车薪，随着局势的恶化，它对刘琨更是爱莫能助。

永嘉四年（310），刘渊去世，刘聪继位，愈发加大了对洛阳的攻击力度。

同年秋季，洛阳的使者疲惫不堪地来到了晋阳，代表西晋朝廷发布了一道人事任命：刘琨的官职由平北将军升为平北大将军。

处境日益艰难，并州不停被匈奴人鲸吞蚕食，刘琨的官职却越来越高。接到任命的这一刻，刘琨的心情想来也是五味杂陈的。

使者不远千里而来，跋山涉水，作为地主，刘琨自然需要招待一番，觥筹交错中，当然免不了要问问洛阳的近况。

我们有理由相信，那一夜，刘琨彻夜难眠。因为此时的西晋王朝已经风雨飘摇，刘琨从使者口中听不到什么好消息。

5

永嘉五年（311），西晋精锐在宁平城被歼灭，匈奴人攻破洛阳，生擒晋怀帝，史称永嘉之乱。中原地区大量士民背井离乡，逃往江淮流域，史称"衣冠南渡"。

在这些南迁的流民当中，就有当年与刘琨一起闻鸡起舞的祖逖。

在当时的人看来，晋怀帝被俘就意味着国家的主心骨崩塌了。在国破家亡之际，固然有为国殉难的忠臣烈士，但是不多，大多数人的选择是向匈奴人投降。

这个时候，刘琨可以投降，也可以南迁，他能坚持到这时，已经对西晋王朝很够意思了。然而，他既没有投降，也没有南迁，而是选择了坚守。

同年冬季，鲜卑人拓跋猗卢进犯晋阳，刘琨无力应对，只好以割地的方式，满足拓跋猗卢的野心。

当时，对中原地区影响较大的鲜卑主要有两部：一部是与幽州刺史王浚合作的段氏鲜卑，一部是与刘琨合作的拓跋鲜卑。

这两部的相同点是：对匈奴比较敌视。不同点是：王浚的实力比较强，在合作中占据主导地位；而刘琨的实力比较弱，在合作中基本处于依附地位。

刘琨与拓跋鲜卑的合作，是从他进驻并州之后开始的。在一封公文中，他毫不掩饰地表达了与拓跋鲜卑结盟的无奈。然而，即使百般不情愿，他与拓跋鲜卑的联盟也必须维系。为了争取拓跋鲜卑的支持，他甚至不得不把儿子刘遵送出去作为人质。

与拓跋鲜卑的合作是扬汤止沸，解决匈奴人才是釜底抽薪。

大概就是在这种心理的驱使下，面对贪得无厌的拓跋鲜卑，刘琨产生了分化匈奴人的念头。

刘聪手下有一个叫石勒的军团长。石勒是羯族人。刘渊在世时，石勒名义上受刘渊节制，实际上处于半独立状态；刘聪继位时，石勒自立为王的野心已是路人皆知。

石勒出身贫寒，少年时代因为战乱与家人失散了。刘琨找到了他的母亲和侄子石虎，派人送到他的军营，还送去了一封信，里面不吝赞美之词。先是夸奖了石勒的雄姿和功绩，又为他在刘聪手下遭到的不公鸣不平，接着鼓励他为晋国效力，脱离刘聪。

石勒用名马和珍宝感谢了刘琨的好意，但在回信中也不留情面地嘲笑了刘琨的迂腐。他说："建功立业的途径许许多多，岂是腐儒所能了解的？你且为你的王室尽忠守节，我是羯族人，实在难以为你的王室效力！"

接到这封信的刘琨会作何表现呢？平静地自嘲，还是勃然大怒？

史书没有记载，但我认为他会大怒，因为他并不是一个情商很高的人。

6

永嘉六年（312），因为情商堪忧，处理内政失误的刘琨引发了一场内乱。

出任并州刺史之后，刘琨虽说与当年的纨绔子弟已判若两人，但他并没有完全割舍掉当年的纨绔习气。戎马倥偬之余，他雅好丝竹之声，特别崇敬一个叫徐润的音乐家。而徐润也并非善类，经常干预政务。有一个叫令狐盛的将军看不下去，多次劝谏刘琨，请他诛杀徐润，刘琨却不听。徐润因此记恨上令狐盛，后来抓住机会向刘琨进谗言，而刘琨一时头脑发昏，居然对令狐盛痛下杀手。令狐盛的儿子令狐泥因此投奔刘聪，并带去了所有关于并州虚实的情报。

大错由此铸成。

很快，刘聪率军扑来，晋阳失守，刘琨的父母被杀。幸亏拓跋猗卢伸出援手，局势才没有进一步恶化；但是晋阳也没有夺回，刘琨只能退守阳曲县。

令狐盛是并州当地豪强的头面人物，刘琨能够在并州扎根，与当地豪强的支持密不可分。他手下的文官和武将当中，并州豪强有二十多人，后来有差不多四分之一的人都选择了反叛。

仅看史料，我们虽然难以断定令狐盛之死是促使他们反叛的导火线，但是也很难说二者之间毫无关系。

这一年也并非没有好消息。自从晋怀帝被刘聪俘虏之后，西晋王朝的皇位一直处于空悬状态。同年秋季，关中的司马邺被群臣拥立为太子。此时的西晋虽然已经名存实亡，无力与刘聪抗衡，但立太子这样一个具有象征意义的举动，多多少少还是给刘琨打了一剂强心针，让他知道自己在北方并不是孤军奋战。

第二年，司马邺登基称帝，是为晋愍帝。他任命刘琨为大将军，虽说这仍然是一个虚名，但司马邺能给予刘琨的也就只有这些了。

次年，石勒图谋攻打幽州刺史王浚。因为担心自己一旦出征，后方会遭到刘琨的袭扰，于是他在战前给刘琨写了一封信，表示自己愿意为王室效力，消灭有不臣之心的王浚。

王浚本为西晋重臣，多年以来割据一方，有不臣之心，是刘琨眼里的乱臣贼子。接到石勒的来信，刘琨大喜，以为是自己的诚心感动了石勒，却全然没有料到中了对方的奸计。

在石勒包藏祸心的计划里，吞并王浚既是脱离刘聪的铺垫，也是消灭刘琨的先声。

事实上，石勒早就有脱离刘聪控制的想法，只是不知道第一步该如何迈出，而刘琨此前写给他的那封信里却一针见血地指出了症结所在 —— 之所以受制于刘聪，是因为刘聪只让他四处征战打仗，却从来不给他固定的地盘作为根据地。

这封信给了石勒莫大的启发，之后，他以河北邢台为根据地，开始扩充势力范围，加快了摆脱刘聪控制和进一步逐鹿中原的步伐。

王浚败亡后，段氏鲜卑分裂，一部分依附石勒，一部分以段匹磾①为首，后者走上了与石勒对抗的道路。

此时的刘琨还并不知道段匹磾的崛起意味着什么，不过，不用过多久，他就会意识到了。

7

公元315年，司马邺封刘琨为司空，拓跋猗卢也接到了新的人事任命——让他做代王②。

我们难以确定让拓跋猗卢做代王是朝廷本来就有的意思，还是由于刘琨的举荐；但有一点却是确定无疑的——在刘琨收复失地的军事战略中，拓跋猗卢的地位越来越重要。

虽说拓跋猗卢与刘琨的联盟建立在利益的基础上，但是在联手的这些年里，拓跋猗卢还是尽到了盟友的责任与义务。在共同荣升的这一年，刘琨联合拓跋猗卢进击刘聪，取得了一次不小的胜利。然而，就在刘琨打算进一步扩大战果的时候，拓跋猗卢忽然死于内乱，其部众就此分裂。

对刘琨而言，这不啻斩掉一臂。幸好，在他一筹莫

① 段匹磾（？—321），鲜卑族，西晋官员，段氏鲜卑首领段务勿尘之子。
② 爵位称号。《资治通鉴》卷八十九记载："诏进拓跋猗卢爵为代王，置官属，食代、常山二郡。"这也是北魏的前身代国立国的开始。

279

展的时候，他的儿子刘遵带来了一个好消息。

在拓跋猗卢的军队做人质的这几年里，刘遵不但深受拓跋猗卢器重，还成功地树立了自己的威信。拓跋猗卢死后，刘遵带着三万多人、十万头（匹）牛羊马回归，一时间，刘琨气势大振。

不久，刘聪攻入关中，司马邺沦为阶下囚，西晋灭亡。

为了扩充实力，以便于将来与匈奴人逐鹿中原，石勒挥师西进，大举进攻并州。

尽管部下极力劝阻，认为此时不应该与石勒硬拼，但是刘琨一意孤行，以为自己的兵力占据优势，结果惨败而归，他苦心经营多年的并州岌岌可危。

这时候，段匹磾屡次写信，邀请他前往蓟城^①共商国是，抗击匈奴，为王室效力。

公元 317 年年初，刘琨放弃并州，奔往蓟城，与段匹磾结为金兰，并联为姻亲，立誓效忠王室，与匈奴周旋到底。

自从司马邺成为刘聪的阶下囚，北方就一直处于群龙无首的局面。在与段匹磾结盟之前，刘琨就先后四次向江东的司马睿递交劝进表，请他尽快继位，以安定人

---

① 大约在今天北京西南隅。

心。在与段匹磾结盟之后，刘琨又递交了一封劝进表，这也是最后一次。

据史料记载，每次刘琨写劝进表，都是一气呵成，文不加点，并在信使出发之前怆然涕下。然而，出于个人利害关系以及权臣掣肘考虑，司马睿一直在帝位面前逡巡不前。

不久，刘琨与段匹磾部署了一次军事行动，主动出击石勒；但是段匹磾的弟弟段末柸收取了石勒的贿赂，从中作梗，致使此次行动无功而返。

之后，因兄长去世，段匹磾回老家奔丧，刘琨派遣另一个儿子刘群护送，途中遭到段末柸袭击，段匹磾逃回蓟城，刘群被俘。

段末柸利用刘群的年少无知，诱骗他给刘琨写信，说只要刘琨愿意合作，消灭段匹磾，就让刘琨出任幽州刺史。不过，这封信并没有送到刘琨手里，而是被段匹磾截获了。

起初，段匹磾并没有怀疑全不知情的刘琨，还把信件给他过目。然而，段匹磾的另一个弟弟段叔军认为，非我族类，其心必异，如今鲜卑人闹内讧，难保刘琨不会趁机作乱。段匹磾对这个弟弟很信任且器重，听后深以为然，于是下令拘禁刘琨。消息传出，刘琨的部下发动报复性攻击，又先后被段匹磾平定。

对于声望盖世的刘琨，段匹磾能做的只是拘禁，并不敢真把刘琨怎么样。事实上，从他下达拘禁命令开始，刘琨就变成了一颗烫手的山芋，搞得他骑虎难下。于是，他请示江东的司马睿，征询该如何处理此事。

名义上，司马睿是江东小朝廷的皇帝，但他的权力是有限的，大部分权力都掌握在权臣王敦手里。

自"衣冠南渡"起，在中国北方坚持抗击匈奴的刘琨已然成为一面精神旗帜。在风雨飘摇的北方，虽然刘琨只是一盏摇曳欲熄的孤灯，但是这孤灯微光具有某种象征意义，标志着偏安江东的朝廷并没有放弃北方；因此江东有许多人是刘琨的支持者。王敦唯恐刘琨成为自己把持朝政的绊脚石，于是派遣使者到蓟城假传圣旨，诬陷刘琨有谋反之心，命令段匹磾杀死刘琨。

临死之际，刘琨不甘，因为父母之仇未报；但也很坦然，因为对于晋廷，能做的他都做了。

段匹磾用不见血的方式——用一条绕指柔的白绫勒死了在战火中淬炼出来的百炼钢，保留了对刘琨的最后一点善意。正如刘琨在绝命诗的最后所说的那样："何意百炼刚，化为绕指柔。"

风骤雨狂，大洪水从四面八方涌来，残灯熄灭。

中流孤艇

祖逖

在闻鸡起舞的那一夜，祖逖刘琨相约："若四海鼎沸，豪杰并起，吾与足下当相避于中原耳。"意思是，将来如果天下大乱，群雄并起，我们可别在逐鹿中原时相逢。

从西晋朝廷的立场看，祖逖这个坏小子跟刘琨立下这个誓言，确实有点没安好心。但我们有理由相信，许多年后，当祖逖率领北伐军艰难地向中原挺进的时候，他的梦想是跟刘琨相聚于中原。

1

祖逖出身于范阳（今河北保定）祖氏。

尽管有人说范阳祖氏是世家，但目前没有什么充分的证据证明这个观点是成立的，充其量只能说那是一个人丁兴旺的士族，发迹于魏晋之交。①

---

① 李凭在《北朝论稿》中认为："具有经济实力和武装势力而能左右一定地域范围的宗族称为强宗豪右，延续多世而盘根错节的宗族称为世家大族，在朝廷及地方占据相当政治地位的宗族称为士族，富有社会影响与文化传统的宗族称为门阀。"阎步克在《波峰与波谷：秦汉魏晋南北朝的政治文明》中认为："古义的'世家'指'世世有禄秩家'，也就是世代占有禄位的家族。禄位是一种政治权势。若把社会权势也纳入观察，则社会权势既可以来自政治地位，也可以来自经济地位和文化地位，'世家'类型是多样化的。官场有官僚世家，乡里有豪族世家，士林中有文化世家。'士族'的特征是'士'与'族'的结合。'士'即士人、文化人。古人又云'学以居位曰士'，'士族'就是士人官僚的家族，他们通过雄厚文化而世代居官，由此建立了崇高门望。"综合这两种观点可见，士族是一个比较宽泛的概念，并没有非常明晰的边界。因为范阳祖氏的阶级门类很难界定，所以此处将它归类为士族。

284

那是一个盛行所谓名士之风的时代，士族普遍喜欢以放浪形骸的姿态示人。作为士族当中的一员，早年的祖逖也是如此——放荡不羁，不修边幅。

如果说祖逖早年间有什么地方与别的士族子弟不同，那就是他有同情心，喜欢跟劳苦大众打交道，经常周济宗族中的孤寡老弱。而且他并不是浮于表面地做做好事，而是真的知道劳苦大众需要什么，也知道应该用什么样的方式跟他们打成一片。

在祖逖的几个兄长当中，祖纳跟他的性格最像——放荡不羁，喜欢交游。但与祖逖不同的是，祖纳的交游路线是往上走的，喜欢结交权贵，而且他喜欢读书，有文化。

大概就是在祖纳的影响下，祖逖十四五岁以后有所改变，开始学习文化知识以及跟上流社会打交道的礼仪，并且被祖纳带到了冠盖云集的洛阳。

二十四岁时，祖逖入仕，结识了刘琨。几年后，他们被一起任命为司州主簿，留下了"闻鸡起舞"的传奇故事。

虽然史官描述这个场景时，对刘琨、祖逖颇有微词，话里话外地说他们野心勃勃，希望天下大乱，到时候好趁机割据一方。

这种描述虽有损刘琨、祖逖的英雄形象，但换个角度想，这反而更像真实的历史，或者说这种不安分的形象可能反而更贴近当事人的真实历史面貌。

因为那时候他们还年轻，都处于对未来充满怪诞幻想的年纪，他们甚至以为即将发生的大乱，不过是历史上上演过无数次的"治乱"循环的一个阶段。到时候，成为一方霸主甚至冲击皇位，不过是所有雄心勃勃之人或野心勃勃之人的共同梦想。

2

与祖逖相比，刘琨的功利心更强一些，也可以说，祖逖比刘琨更正派一些。

我们作出这个判断的依据，是八王之乱的前十年，也就是贾南风当政的那十年里，刘琨一直在汲汲钻营，祖逖却没有留下任何历史痕迹。八王之乱愈演愈烈时，刘琨不停地变更门庭，趋炎附势；祖逖则直到八王之中风评最好的长沙王司马乂执政时，才出现在危如累卵的洛阳城。司马乂被阴险的东海王司马越害死后，他如同归海天雨，再次消失得无影无踪。

永嘉五年（311），北方少数民族军队攻占洛阳，俘虏了西晋王朝的皇帝，西晋至此名存实亡。西晋士民纷纷背井离乡，南迁至长江中下游地区。

在这批流亡大军当中，沉寂多年的祖逖又出现了。

这一年，他四十六岁，距离闻鸡起舞那一晚已经过去了十多年。

南迁途中，如果祖逖回想起那个闻鸡起舞的长夜，必定会感慨万千。

在那个令人不安又兴奋的长夜，他与刘琨相约在乱世中各显身手，打出各自的一片天下。但那时候的他们无论如何也想不到，他们预料中的乱世并不是一般意义上的历史循环之乱，而是前所未有的冲突。

对于当时的西晋士民来说，那也是前所未有的耻辱。

或许，就是在背井离乡的流亡道路上，祖逖产生了北伐的念头。

南迁的道路漫长而危险，有敌军的追兵，还有饥饿、瘟疫，以及其他流民队伍的劫掠……在流亡大军当中，大多数人靠两条腿步行前进，极少数人坐车或者乘马。

祖逖是有身份的人，有自己的专车，但是他把专车让给老弱病残，自己下地步行，有药物和粮食也都拿出来和大家共用。

慢慢地，跟在他身后的队伍越来越长。

当他率领流民走到泗口（今江苏淮安市西南）的时候，坐镇建康（今江苏南京）的琅邪王司马睿发来任命书，任命他为徐州刺史，并命令他移驻京口（今江苏镇江）。

事实上，司马睿如此安排，是出于对流民的歧视；或者说，这是以司马睿为首的南迁高等士族对流民的防范，目的是把流民扔到建康北部，充当抵御敌军南下的炮灰。

不过祖逖对此并不在意，他的目标是北伐，即使司马睿同意他入驻建康，他也未必愿意去。

刚在京口安定下来，他就开始谋划北伐，请司马睿给予支持。司马睿此时受制于权臣王敦，而且对北伐也没有什么兴趣，所以只给了祖逖千人的口粮和三千匹布，没有派一兵一卒。

祖逖其实有一支自己的队伍，虽然只有几百人。

这些人是怎么来的呢？一部分是随同他南下的宗族；另一部分是南迁途中新加入的追随者；还有一部分，是他驻守京口期间招募的私兵。

这些士兵鱼龙混杂，大多剽悍好斗，喜欢劫掠，经常趁夜外出洗劫富户。祖逖对此心知肚明，却从不阻拦，还默许、鼓励。有时候，他们被地方官绳之以法，祖逖还想办法把他们从大牢里捞出来。据明确的历史记载，就连祖逖本人也参加过抢劫。

有一次，朋友登门拜访，惊讶地发现，以前穷得叮当响的祖逖，当天却穿着裘袍华服，满屋子都是金银财宝。于是，朋友问这些东西是从哪里来的，祖逖云淡风轻地说："昨夜又外出抢了一次。"

如果坐在祖逖位置上的是道貌岸然的士族，那么这些兵——将被视为人渣、败类——肯定是不能要的。

反过来，在这样的"人渣兵"眼里，姿态矫揉造作的士族长官——将被视为伪君子、废物——也是不能要的。

这样的兵，也就只有祖逖这样的人才能带，因为他比士族中的绝大多数人都了解应该怎么跟底层人士打交道。

3

公元313年秋天，祖逖带着那只有几百人的队伍渡江北上，拉开了北伐战争的序幕。

船到江心，祖逖击楫长叹："如果不能收复中原，有如大江一去不返！"

除了祖逖，建康的朝堂上再也没人对北伐有任何兴趣。

祖逖虽有豪情，但并不冒进。

在渡过长江之后，他率领队伍先驻扎在淮阴，招兵买马，铸造兵器，操练士兵。

当时，中原地区的形势是匈奴人刘聪与羯族人石勒依然保持着半君臣半盟友的合作，但石勒的独立之心已经昭然若揭。

中原地区东部、黄河以北的大部分地区已经成为石勒的势力范围，而黄河以南的大部分地区则被控制在各地坞堡主手里。

也就是说，祖逖要想北上中原，收复失地，就必须经过坞堡主的地界。

坞堡，是两汉及魏晋南北朝时代的一种民间防卫性建筑，亦称坞壁。坞堡主，就是坞堡的主人，他们基本都出身于强宗大族，遇到乱世就以坞堡为据点集结宗族，结成地方性武装组织。

公元 316 年下半年，祖逖率领两千多人北上。

进入淮河流域后，他先派遣使者出面交涉，希望得到当地势力最大的坞堡主张平、樊雅的支持。

早在祖逖到来之前，张平和樊雅就接受了司马睿的任命。

虽然他们实际上是独立的武装力量，对司马睿的服从仅仅流于表面，但这并不意味着他们完全没有与祖逖合作的可能。然而，祖逖派遣的使者傲慢自大，摧毁了这一丝合作的可能性。

张平、樊雅被使者的无礼激怒，杀了不知道天高地厚的使者，摆明严阵以待的架势，要跟祖逖决战到底。

在随后的一年多里，祖逖先策动张平的部下反叛，杀死张平，继而与盘踞在黄河南部的坞堡主陈川合作，围攻樊雅。

公元317年夏天，樊雅投降。

对于祖逖的北伐大业而言，吃下张平、樊雅，相当于在淮南地区兴建了一块坚固的前沿阵地。

但北伐的道路注定是坎坷的，祖逖刚在淮河流域站住脚，先前跟他有过合作的陈川却跟他反目成仇了。

当初，为了击败张平和樊雅，祖逖曾向陈川求援，援军当中有一个叫李头的将军。

战后，回到陈川身边的李头多次说到与祖逖并肩作战的愉快经历，说如果能以祖逖为主，自己虽死无憾。陈川大怒，砍了李头的头，李头的部属出逃，投奔到了祖逖那里。陈川怒不可遏，出兵攻打祖逖，盟友关系就此破裂。

从公元317年下半年到公元319年上半年，陈川和祖逖之间的战争一直在升温。

总体而言，祖逖居于强势地位。这种强势地位的形成，既依托于他的军事指挥能力，也依托于他的个人魅力。

祖逖虽然出身于士族，但待人接物一视同仁，即使是"疏交贱隶"，也能以"恩礼遇之"。作战期间，从陈川手中抢到的童仆车马，他一律物归原主。对于俘虏，他也给予优待，任其去留，以致当时出现了一种奇观——有的俘虏回乡之后，又带着好几百个人一起来参军。

公元 319 年夏季，陈川被狡黠而强悍的祖逖折磨得招架不住了，匆忙投靠石勒，请求派遣援军。

不久，石勒派遣石虎率军五万南下，与祖逖在开封附近展开激战。

4

关于此次战争的结果，史书的记载多有出入；但是综合起来看，结果还是比较明显的——祖逖小胜而大败，石虎小败而大胜。

战后，石虎带着陈川返回位于邺城的大本营，命令桃豹驻守前线，与祖逖对峙；祖逖则返回淮南，进行休整。

当时，权臣王敦有篡位之心，打算顺流而下，攻占建康。他先派人放出风声试探舆情，祖逖听闻消息，当面怒骂他的使者："你回去告诉阿黑（王敦的小名），他要是敢放肆，我就领三千人攥着他脚跟把他打回去！"

王敦对祖逖颇为畏惧，由此打消了篡位的念头，但只是暂时。

公元319年深秋，祖逖派遣前锋对桃豹发动了一次试探性的攻击，被桃豹击败。

之后，祖逖挥师北上，兵分两处扎营，一处在桃豹驻地的西侧，一处在其东侧，与敌军僵持了四十多天。

时间一天天过去，看着自己的军粮即将用光，祖逖估计敌军的军粮也快消耗得差不多了，他在这时上演了一出妙计：派人推着小车把装满泥土的袋子运入军营，并故意让敌人抢走货真价实的粮食。桃豹果然中计，误以为祖逖军中粮秣充足，于是无心坚守，拔营后撤。

公元320年夏季，祖逖推锋北进，进入河南境内。

不久，石勒派遣精兵万人南下，被祖逖击败。

河南也有许多大大小小的坞堡主，在祖逖到来之前，他们大多在名义上臣服于石勒，坞堡主之间为了争夺领地攻讦不断。随着祖逖的到来，严峻的问题摆到了他们面前：归顺代表晋王朝的祖逖，还是依附代表北方少数民族政权的石勒？

这在当时是一个涉及民族大义的问题，微妙、复杂且危险，稍有不慎就会成为火药桶。然而，祖逖用一种低调、通达且巧妙的方式使这个问题得以迎刃而解。

　　首先，他设法调解河南坞堡主之间的纷争，使他们握手言和。在调解纷争的过程中，他树立了自己的威信。其次，他并不强求这些坞堡主摆明立场。

　　这些坞堡主当中，有很多人的儿子在石勒军中当人质。如果纠结名分，迫使他们必须表态归晋，必然会产生不必要的麻烦，而这显然不是祖逖希望看到的，因为他需要的是坞堡主的支持，至少也是和平共处。

　　祖逖默许坞堡主与石勒往来，同时也努力维护与他们的关系。为了避免石勒对他们产生疑心，祖逖经常与坞堡主演一些双簧戏，如假装派兵攻打他们，但是事先会给他们送去剧本，打好招呼，让他们照着剧本演。事后，在送给石勒的书信中，这些坞堡主会绘声绘色地说自己与祖逖打了一场艰苦卓绝的战争。当然，作为对祖逖的回报，他们也会刺探石勒的军情，然后悄悄传递给祖逖。

　　经过一年多的苦心经营，祖逖在河南扎下了根，黄河以南的大部分土地被收复，石勒承受的压力越来越大。不巧的是，盘踞在幽州的段匹磾此时也与石勒大打出手。

　　为了避免陷入两线作战的境地，石勒改变策略，主动向祖逖示好，修葺祖家的祖坟和祖逖母亲的坟墓，并希望与祖逖进行边境贸易，和平共处。

如同处理与坞堡主的关系那样，祖逖对此的回应方式依然具有强烈的实用主义色彩。他没有用语言或者书信方式答应石勒的互市之请，却默许彼此进行边境贸易；他禁止部下进犯石勒的领地，似乎是打算与石勒和平共处，却又积蓄力量，厉兵秣马。

为什么祖逖不趁着石勒与段匹磾激战的机会而顺势北伐呢？

因为这个问题，有些历史学家对祖逖很不满意，认为他应该为段匹磾的败亡承担一定的责任。

史料有限，我们难以对石勒和祖逖的各方面实力进行对比，但是有一点我们是可以看到的：石勒是一个政权的领导者，能够如臂使指般最大限度地调动所需的各种力量；祖逖却只是一个地方官，而且后盾又是裂纹丛生的东晋。

一个地方官能牵制住一个政权，祖逖做到这一步已经难能可贵。遏制石勒南下的步伐，已经耗尽了他的力量，再奢望他与段匹磾夹击石勒，可能就是强人所难了。

5

公元 321 年夏季，司马睿派戴渊北上，管制祖逖。

当年王敦打算教训司马睿，祖逖亮明态度，保住了司马睿的位子和面子。这一次，司马睿却反过来要夺他的位子，撕他的面子。

司马睿如此安排，是为了让戴渊控制祖逖的兵力，震慑有不臣之心的王敦。

戴渊，字若思。他也是东晋的一个传奇人物，年轻的时候是个江洋大盗，带着一帮匪徒呼啸江湖，打劫往来旅人。

有一次，陆机（东吴名将陆逊的孙子）乘船出游，在岸边遭到了戴渊的抢劫。陆机见戴渊英姿勃发，调度手下井井有条，很有大将之风，于是在船舱里对他喊话："你有这样的才能，又何必做强盗呢？"戴渊当即弃剑下拜，痛改前非。

有意思的是，戴渊出身于匪盗，迷途知返之后，却变成了清高耿介的正人君子；而出身于书香门第的祖逖，性格中却带着浓烈的匪气和草根气，更像一个江湖豪侠。

可以想象得到，在戴渊眼里，祖逖的军队成分、与坞堡主和石勒的相处之道，都是让人很不满意的。

不过这并不是最大的问题，他们根本上的分歧在于：祖逖是北人，目标是收复沦陷的故乡；戴渊是南人，对北方的沦陷并没有祖逖那种强烈的痛楚，所以他不会像祖逖那样热心北伐，他的战略重心是利用祖逖的军队参与内斗。

戴渊是个好人，正直、疾恶如仇、善恶分明，但祖逖的北伐大业需要的不是有板有眼的正人君子，而是能在原则和妥协之间游刃有余的调和者。

此时，祖逖的人生道路也快走到了尽头，顶头上司戴渊的到来使他愤怒而无奈，密谋摧毁东晋王朝的王敦使他忧虑而恐惧。对他日渐衰弱的身体状况而言，这些不啻雪上加霜。

为了防备石勒南下，在人生的最后两个月，祖逖全力以赴，调集人手，修缮虎牢城，意图把这里打造成将来抗击石勒的军事重镇。然而，虎牢城还没有建成，他就去世了。

几年以前，他刚开始北伐的时候，正值草创期的东晋面临的最大的威胁就是北方的石勒。在极其艰难的处境中，他率领几百个部下奋勇北上，像滚雪球一样壮大了北伐军的力量，成功地把东晋的疆域扩展到了黄河南部，又成功地遏制住了石勒南下的步伐，巩固了新生的东晋。当王敦图谋叛乱的时候，又是他给予王敦当头一棒，压制住了王敦的野心。

然而，随着他的离世，他一手打造的北伐军很快就土崩瓦解。

他去世不久，朝廷任命他的弟弟祖约接管北伐军。祖约才略不足，无法抵挡石勒的进攻，只能仓皇南撤，退守淮南，河南地区随之被石勒收入囊中。

之后，王敦发动叛乱，戴渊被杀，晋元帝司马睿沦为傀儡，忧愤离世。

又过了几年，祖约发动叛乱，兵败逃亡，率领宗族投奔石勒，随后被石勒灭门。

如果说刘琨在狱中被勒死的时候，对晋室收拾旧山河还有一线希望，那么祖逖就是死于绝望之中；因为在他的人生走到末路时，时局已经很清楚地让他看到了未来将会发生什么。

在两晋之交，在那个大江南北被撕裂得越来越厉害的黑暗时刻，祖逖和刘琨就像两根钢针，一根在北，一根在南，想努力把被撕裂的山河缝起来。如果他们能相聚于中原，把南北的力量对接到一起，历史或许就是另外一个走向。但很可惜，狂澜难挽，随着这两根钢针的先后断裂，历史终究是滑落到了充满灾难的深渊，并步履维艰地行走了两百多年。

附录1：八王之乱大事年表

永熙元年（290）

晋武帝司马炎驾崩，杨骏矫诏，排挤司马亮。

元康元年（291）

贾南风联合司马玮杀杨骏，征召司马亮入朝，与卫瓘一起辅政。

司马玮、司马亮、卫瓘发生龃龉，贾南风嗾使司马玮杀司马亮、卫瓘，后以矫诏罪名杀司马玮。

永康元年（300）

贾南风杀太子司马遹。

赵王司马伦发动兵变，毒杀贾南风。

永宁元年（301）

司马伦篡位。

齐王司马冏联合成都王司马颖、河间王司马颙、长沙王司马乂起兵讨逆。

司马伦兵败，退位被杀。

太安元年（302）

司马冏独揽朝纲，祸国乱政。

司马颙设计陷害司马乂，企图趁乱入局，不料司马冏被司马乂反杀。

太安二年（303）

司马颙联合司马颖，讨伐司马乂。

永兴元年（304）

东海王司马越叛变，拘捕司马乂。

司马颙部将张方烧死司马乂。

司马颖封丞相、皇太弟。

司马越挟持晋惠帝讨伐司马颖，兵败于荡阴，惠帝落到司马颖手中。

司马越联合鲜卑人讨伐司马颖，司马颖挟持惠帝逃奔洛阳。

张方挟持司马颖、惠帝逃奔长安。

永兴二年（305）

司马越讨伐司马颙。

光熙元年（306）

司马颙兵败，司马越迎接惠帝回洛阳。

司马颖被杀。

司马颙奉诏入京，途中被杀。

八王之乱结束。

永嘉五年（311）

西晋主力在宁平被歼灭，引发永嘉之乱，西晋名存实亡。

附录 2：参考文献

一、古籍

1. 房玄龄 . 晋书 [M]. 北京：中华书局，2015.

2. 余嘉锡 . 世说新语笺疏 [M]. 北京：中华书局，2015.

3. 严可均 . 全晋文 [M]. 北京：商务印书馆，1999.

4. 萧统 . 昭明文选 [M]. 北京：华夏出版社，2000.

二、论著

1. 王仲荦 . 魏晋南北朝史 [M]. 上海：上海人民出版社，2016.

2. 仇鹿鸣 . 魏晋之际的政治权力与家族网络 [M]. 上海：上海古籍出版社，2020.

3. 陈苏镇 . 两汉魏晋南北朝史探幽 [M]. 北京：北京大学出版社，2013.

4. 武汉大学中国三至九世纪研究所 . 魏晋南北朝隋唐史资料：第十八辑 [M]. 武汉：武汉大学出版社，2001.

5. 唐翼明 . 魏晋清谈 [M]. 四川：天地出版社，2018.

6. 阎步克 . 波峰与波谷：秦汉魏晋南北朝的政治文明 [M]. 北京：北京大学出版社，2017.

7. 李凭.北朝论稿[M].北京：北京师范大学出版社，2018.

三、论文

1. 刘玉宏.曹魏西晋时期洛阳商业经济研究 [D].河南科技大学，2009.

2. 刘雅莉.张华年谱汇考 [D].上海师范大学，2015.

3. 郑敏静.刘琨的生平和创作探析 [D].湘潭大学，2014.

4. 朱安祥.魏晋南北朝货币研究 [D].郑州大学，2018.

5. 朱安祥."十朱"钱小考——两晋货币流通之一侧面 [J].中国钱币，2019（02）.

6. 祝总斌."八王之乱"爆发原因试探 [J].北京大学学报（哲学社会科学版），1980（06）.

7. 张金龙."八王之乱"与禁卫军权 [J].史学月刊，2003（04）.

8. 陈苏镇.司马越与永嘉之乱 [J].北京大学学报（哲学社会科学版），1989（01）.

9. 王志邦.东晋的建立与江东士族 [J].浙江学刊，1987（05）.

10.陈寅恪.述东晋王导之功业 [J].中山大学学报（社会科学），1956（01）.

11. 权家玉. 晋武帝立嗣背景下的贾充 [J]. 魏晋南北朝隋唐史资料，2006（00）.

12. 范兆飞. 永嘉乱后的并州局势 —— 以刘琨刺并为中心 [J]. 学术月刊，2008（03）.

13. 杨德炳. 论祖逖与北伐 [J]. 武汉大学学报（社会科学版），1985（02）.

后　记

在封建社会的大一统王朝当中，存在感最弱的无疑是西晋，有些比较缺乏历史常识的人，甚至不知道历史上有过这样一个朝代。

跟秦、汉、唐这种气势恢宏的大一统王朝相比，西晋的气质实在太猥琐了，登场鬼鬼祟祟，退场鸡飞狗跳。

如果从晋武帝司马炎受禅登基算起，西晋的国祚只有五十多年；如果从消灭孙吴、统一天下算起，它的国祚就只有三十多年。而且，从司马炎驾崩之日起，晋廷就陷入了旷日持久的动乱当中。

这一动乱，就是本书所说的八王之乱。它跟汉朝的七国之乱有点相似，不同的是，七国之乱结束后，汉朝迎来的是和平，而八王之乱就像大地震到来之前的地光，它把古老的中国拖到了战乱深渊——先是军阀割据的东晋十六国，继之而起的是血流成河的南北朝。直到进入隋唐，长达两个多世纪的山河破碎的大乱世才宣告结束。

八王之乱是怎么发生的？谁该为这次遗祸无穷的动乱负责？这就是本书要回答的问题。

第一个问题的回答是本书上篇"事件手书——盛

衰岂无凭",第二个问题的回答是本书下篇"人物画像——兴亡谁人定"。

如刚才所说,西晋是一个存在感很弱的王朝,在这一时期活动的人物,历史知名度也比较低。如果事无巨细地铺开,方方面面都说到,那就是一部大部头,读者未必有兴趣去了解这些陌生的人和事。当然,陌生的东西也可以写得妙趣横生,但坦白说,那超出了我的能力范围,以我的历史水平,做到这一点的难度还是很大的。

因此,我选择了一种比较简便的方式——抓大放小,必须说的说,可说可不说的不说。只要读者能了解八王之乱的轮廓和基本线索,我觉得目的就达到了。

事实上,这样做也没有容易太多。

一来是因为《晋书》在"二十四史"当中的水准不是很高,纷乱错杂的地方比较多,有些问题必须参照相关史料、论文或者专著才能弄清楚。南宋的晁公武就曾经对这个问题狠狠吐槽;明朝的茅国缙干脆直接上手,删掉原书的三分之二,编纂了一部四十卷的《晋史删》。

二来是因为什么史料重要或者不重要,是一个主观选择的问题;能不能把一件事或者一个人物讲清楚,也是一个主观判断的问题。

写历史终究不能摆脱立场,不可能做到绝对客观。

我只能在有限的学识范围内，选择自己认可的解释，按照自己的理解，去铺陈这一段动荡血腥的历史，尽力让读者明白八王之乱的前因后果。

此外，感谢一下唐大哥。

我原来跟本书的编辑小张老师是同行，在北京的一家出版社工作，后来因为一些个人原因迁居广东。刚到广东的时候，人生地不熟，当地的文化行业也相对匮乏，迫不得已，我只好从事自由职业。或许在有些人的印象里，这是个美妙轻松的职业。但事实上，从事自由职业的体验很糟糕。在最煎熬的那段时间里，是唐大哥古道热肠，一再伸出援手，帮我渡过了很多难关。唐大哥是个"施人之恩，不发于言"的谦谦君子，帮助过我太多；很惭愧，我是个百无一用的人，只能"受人之惠，不忘于心"。在此，借着写这篇后记的机会，真诚感谢唐大哥对我的帮助，衷心祝愿他万事如意，一切顺利安好！

最后，感谢小张老师。

如果没有她，这本书就不知何时才有机会跟大家见面；而且，她细致认真的工作，让我对一个老套却深刻的道理产生了更切身的认识。

这个道理是"吾生也有涯，而知也无涯"。

2023 年 8 月于广东惠州

图书在版编目（CIP）数据

魏晋速写：轻松读懂小众史 / 张岩著. —— 贵阳：
贵州人民出版社, 2024.3（2024.6重印）
ISBN 978-7-221-18047-6

Ⅰ. ①魏… Ⅱ. ①张… Ⅲ. ①中国历史—魏晋南北朝
时代—通俗读物 Ⅳ. ①K235.09

中国国家版本馆CIP数据核字(2023)第254424号

WEIJIN SUXIE：QINGSONG DUDONG XIAOZHONGSHI

魏晋速写：轻松读懂小众史

张岩 著

出 版 人　朱文迅
选题策划　张　甜
出版统筹　吴兴元
编辑统筹　肖　恋
责任编辑　严　娇
特约编辑　张　甜
装帧设计　清　橘
责任印制　常会杰
出版发行　贵州出版集团　贵州人民出版社
地　　址　贵阳市观山湖区会展东路SOHO办公区A座
印　　刷　天津中印联印务有限公司
经　　销　全国新华书店
版　　次　2024年3月第1版
印　　次　2024年6月第3次印刷
开　　本　787毫米×1092毫米　1/32
印　　张　9.75
字　　数　165千字
书　　号　ISBN 978-7-221-18047-6
定　　价　49.80 元

贵州人民出版社微信